Severino José

Biblioteca de cordel

Severino José

Introdução e seleção

Luiz de Assis Monteiro

São Paulo 2001

Copyright © desta edição Hedra 2001

Capa
Júlio Dui

Projeto gráfico e editoração
Fabiana Pinheiro

Revisão
Rita Narciso
Iuri Pereira

Direção da coleção
Joseph Maria Luyten

Ilustração da quarta-capa e orelhas
José Lourenço

Dados Internacionais de Catalogação na Publicação (CIP)
(Câmara Brasileira do Livro, SP, Brasil)

Severino José
Severino José / introdução e seleção de Luiz de Assis Monteiro
— São Paulo: Hedra, 2001. — (Biblioteca de cordel)

Bibliografia.
ISBN 85-87328-41-7

1. Literatura de cordel - Brasil 2. Literatura de cordel — Brasil — História e crítica
3. José, Severino, 1932 — I. Monteiro, Luiz de Assis. II. Título. III. Série

01-2611   CDD-398.20981

Índices para catálogo sistemático:
1. Brasil: Cordelistas: Biografia e obra: Literatura folclórica 398.20981
2. Brasil: Literatura de cordel: História e crítica: Folclore 398.20981

[2001]
Direitos reservados em língua portuguesa
EDITORA HEDRA
rua fradique coutinho, 1139 - 2º andar
05416-011 São Paulo - SP - Brasil
telefone/fax: (011) 3097 8304
editora@hedra.com.br
www.hedra.com.br

Foi feito o depósito legal.

Biblioteca de cordel

A literatura popular em verso passou por diversas fases de incompreensão e vicissitudes no passado. Ao contrário de outros países, como o México e a Argentina, onde esse tipo de produção literária é normalmente aceita e incluída nos estudos oficiais de literatura — por isso poemas como "La cucaracha" são cantados no mundo inteiro e o herói do cordel argentino, Martín Fierro, se tornou símbolo da nacionalidade platina —, as vertentes brasileiras passaram por um longo período de desconhecimento e desprezo, devido a problemas históricos locais, como a introdução tardia da imprensa no Brasil (o último país das Américas a dispor de uma imprensa), e a excessiva imitação de modelos estrangeiros pela intelectualidade.

Apesar da maciça bibliografia crítica e da vasta produção de folhetos (mais de 30 mil folhetos de 2 mil autores classificados), a literatura de cordel — cujo início remonta ao fim do século XIX — continua ainda em boa parte desconhecida do grande público, principalmente por causa da distribuição efêmera dos folhetos. E é por isso que a Editora Hedra se propôs a selecionar cinqüenta estudiosos do Brasil e do exterior que, por sua vez, escolheram cinqüenta poetas populares de destaque e prepararam um estudo introdutório para cada um, seguido por uma antologia dos poemas mais representativos.

Embora a imensa maioria dos autores seja de origem nordestina, não serão esquecidos outros pólos produtores de poesia popular, como a região sul-riograndense e a antiga capitania de São Vicente, que hoje abrange o interior de São Paulo, Norte do Paraná, Mato Grosso, Mato Grosso do Sul, parte de Minas Gerais e Goiás. Em todos esses lugares há poetas populares que continuam a divulgar os valores de seu povo. E isso sem nos esquecermos do Novo Cordel, aquele feito pelos migrantes nordestinos que se radicaram nas grandes cidades como Rio de Janeiro e São Paulo. Tudo isso resultará em um vasto panorama que nos permitirá avaliar a grandeza da contribuição poética popular.

Acreditamos, assim, colaborar para tornar mais bem conhecidos, no Brasil e afora, alguns dos mais relevantes e autênticos representantes da cultura brasileira.

Dr. Joseph M. Luyten

Doutor pela USP em Ciências da Comunicação, ex-professor visitante da Universidade de Tsukuba (Japão) e da Universidade de Poitiers (França), onde ajudou a organizar o Centro Raymond Cantel de Literatura Popular Brasileira. Autor de diversos livros e dezenas de artigos especializados sobre literatura de cordel, possui mais de 15 mil folhetos e coletou acima de 5 mil itens bibliográficos sobre literatura de cordel em âmbito mundial. Atualmente leciona Folkmídia, em nível de pós-graduação, na Universidade Metodista de São Paulo (UMESP) e na Unisantos.

Sumário

Introdução 9
Salve o poeta popular 41

A grande paixão de Carlos Magno pela princesa do
anel encantado 45
A divina comédia 55
A cigarra e a formiga 95
A briga de galos 98
A descoberta do cavalo 99
O adivinho 100
O leão e o mosquito 101
O galo e a pérola 102
O camelo e o cavalo 103
O prazer do avarento 104
O lobo e o cordeiro 105
A estória de Robinson Crusoé 107
Acidentes no trabalho no ramo da construção 125
ABC do direito do trabalhador 135
Aids, doença da gota serena, que mata o cabra sem
ter pena 153
Homenagem a Raymond Cantel 163

Introdução

Conheci Severino José (Zacarias José dos Santos) no dia 23 de maio de 1997, no Guarujá, ocasião em que reunimos um grupo de pessoas para estudar e pesquisar a literatura de cordel (digo cordel, porque é assim que é conhecida, aqui em São Paulo, a literatura popular nordestina ou a literatura popular em versos). Ele nos foi apresentado pela Baronesa Esther Sant'Anna de Almeida Karwinsky e, neste mesmo dia, para inaugurar as atividades daquele grupo, proferiu uma apaixonada palestra sobre a literatura de cordel, exibindo, ao final dos trabalhos, um vídeo de sua autoria: *A Via-sacra segundo Jerônimo*. Permito-me adjetivar de "apaixonada" a sua palestra, pois a paixão, parece-me, é o sentimento que traduz e justifica, na exata dimensão, a labuta constante que este poeta mantém com relação à literatura de cordel. A mesma paixão justifica também toda a divulgação do cordel (verdadeiro ato de multiplicação) que ele tem feito, ao longo de muitos anos, no estado de São Paulo, com palestras, conferências, artigos em jornais e revistas e, sobretudo, com suas exposições de folhetos e xilogravuras.

A partir de então nos tornamos amigos próximos e, dois anos depois, em São Paulo, também vizinhos. De vez em quando ele me convida para me mostrar as últimas novidades que, paciente e entusiasticamente, ele recolhe na imprensa e nos contatos que mantém com amigos e amantes do cordel. Aliás, devo antecipar que esta introdução não é fruto de uma pesquisa bibliográfica; é apenas um breve relato de uma convivência próxima, cujas informações, principalmente aquelas relacionadas à parte biográfica foram catalogadas durante nosso convívio. Assim, de qualquer e por todas as formas, nos conforta a certeza de que esta seja uma introdução não somente autorizada mas, sobretudo, consentida.

E ainda na trilha dos esclarecimentos, gostaria de dizer que a opção pelo pseudônimo "Severino José" veio do conhecimento da impressionante *Morte e vida Severina*, de João Cabral de Melo Neto, na qual Zacarias (seu nome de batismo) figura como o nome de um coronel: "o mais antigo senhor desta sesmaria". A cisma e a ojeriza pelo poder fez Zacarias, o nosso poeta retratado, adotar o pseudônimo de Severino que possuía uma conotação popular, situando-o em seu devido lugar. E assim, passou a assinar os seus folhetos como Severino José. Esta foi a explicação que ele encontrou para sua severina opção, o que em verdade não faria falta, pois estava mais que justificada: basta lançar um olhar arrazoado para a sua, como tantas, severina vida, principalmente quando chegou em São Paulo, na década de 1950. Mas a história começa antes, bem antes...

A meninice e a dor das primeiras letras

Severino José nasceu em 5 de março de 1932, num pequeno povoado chamado Marcação (atualmente, General Augusto Maynard), no interior do estado de Sergipe. Um lugarejo que possuía apenas uma rua arborizada que, naquela infância, convivia com quatro grandes palmeiras defronte à igreja e mais uma na outra extremidade. A imagem das palmeiras Severino traz verdejante na memória, pois era entre elas que o pequeno Zaca (nome carinhoso inventado pelos amigos próximos) brincava e, vez por outra, se ralava todo, arranjando muita dor de cabeça para si e para dona Maria da Conceição dos Santos, sua mãe. E já que falamos da mãe, por que não falar do pai, o senhor João Evangelista dos Santos, um homem forte, idealista, que começou a vida fazendo negócios em uma pequena casa, e mais tarde, com muito trabalho, conseguiu levantar um armazém de secos e molhados num espaço bem maior, onde negociava toda espécie de mercadoria.

E João Evangelista merece um parágrafo à parte porque, como pai, teve influência decisiva no caráter de nosso poeta, sobretudo pelo seu espírito empreendedor. Conta Severino que foi ele quem arborizou a única rua de Marcação, com o popular "figo benjamim", uma espécie de planta ornamental; como foi ele também quem trouxe, graças aos seus contatos políticos, a luz elétrica para o povoado. Inventou, entre outras coisas, a moda da sebe (a cerca viva), utilizando, para tanto, troncos de eucalipto e macambira. E trouxe ainda a laranja bahia, conhecida pelo povo como "laranja de umbigo". E este mesmo espírito empreendedor e comunitário de João Evangelista ficou marcado na lida de Severino com relação ao cordel e a xilogravura, como poderemos constatar mais adiante.

Mas as cabeçadas nas palmeiras foram se escasseando, dando lugar à urgência das primeiras letras. Fez o curso primário com dona Menininha, num lugarejo afastado do povoado para onde ia a pé para ocupar, junto com a meninada de sua idade, aqueles rústicos e desconfortáveis bancos de madeira. A professora, sem nenhuma formação maior, esforçava-se para fazer compreender àqueles olhos atentos o be-a-bá que, naquela época, era cantado tendo às mãos os folhetos impressos. Assim, aquele pequeno grupo, de folheto às mãos, e de uma maneira muito curiosa, repetia o alfabeto até decorá-lo, para então, identificar letras, formar sílabas e juntar palavras, dando sentido àquelas histórias fantasiosas e — inclusive — às suas próprias vidas.

Severino ainda traz, ritmados na memória, os detalhes desta pedagogia popular, empregada por Menininha. A estratégia de aprendizado por ela utilizada funcionava mais ou menos assim: de folheto na mão, com sua voz estridente e nasalada, puxava a cantilena: b com a, ba; b com é, bé... E a meninada, em voz alta, igualmente estridente, dava continuidade: b com i, bi; b com o, bo; b com u, bu. E depois, em uníssono repetiam, interminavelmente: ba, be, bi, bo, bu. Essa cantoria ecoava alertando os ouvidos do vilarejo, e dando a ele a certeza de que o futuro também estava ali, naquelas cabecinhas inocentes, melodiadas por Menininha.

E o mesmo método, o da cantoria, era empregado também para o aprendizado dos rudimentos da aritmética. Dona Menininha, na base da repetição monótona, idealizava as várias combinações, resultando numa divertida maneira de memorizar a tabuada. E foi assim, que o pequeno Severino tomou conhecimento do alfabeto, aprendeu a juntar, diminuir, multiplicar e dividir coisas, e adquiriu as primeiras noções de leitura.

No entanto, este curioso e divertido aprendizado muitas vezes era acompanhado, de perto e solenemente, pela palmatória, um pedaço de madeira com uma das extremidades redonda, e na outra, um longo cabo. Qualquer deslize na cadência era premiado com um sonoro "bolo"; um golpe duro e seco que a professora aplicava na palma da mão do infeliz descadenciado, quase sempre arrancando lágrimas sentidas, tornando por instantes o aprendizado em tortura. Com relação a este período, é a viva memória de Severino quem relembra: "E assim, as primeiras letras foram incutidas, dolorosamente, na minha cabeça."

Uma outra presença marcante em sua meninice foi a do tio Lolinho, um cego conversador, amante do cordel e dos passarinhos. Em sua sala, repleta de gaiolas, tio Lolinho o ensinava, pacientemente, a fazer aratacas, gaiolas e arapucas. Foi ele também quem introduziu Severino, definitivamente, no universo do cordel. Nas férias, a família, estimulada por tio Lolinho, se reunia na sala para ouvir as histórias de Trancoso e — num tempo e num lugar em que não havia rádio nem televisão — Severino, o sobrinho eleito, era quem, de folheto na mão, fazia chegar àquela gente simples as últimas novidades do mundo afora, trazidas por aqueles versos singelos, criados pelos jornalistas do povo. De tio Lolino Severino herdou o gosto pelo cordel e uma coleção de folhetos, todos costurados e já gastos de tanta leitura, e que figuram, dentro de sua coleção, como uma preciosa raridade, sobretudo pelo seu valor afetivo.

A vida regida por sonhos

João Evangelista, o pai, percebendo a vocação da meninada para o estudo, não teve outro jeito: arranjou uma pequena casa e mudou as crianças para Aracaju, permanecendo com a mulher em Marcação, devido aos seus negócios. Em Aracaju, a meninada foi morar na rua Laranjeiras, sob a guarda da tia Ana Moreira, uma mulher baixinha, mas com fibra sergipana suficiente para cuidar da educação e do estudo das crianças. Severino se lembra dela enternecido: da sua abnegada coragem, da sua incansável disposição para o trabalho e, sobretudo, do amor e do carinho que devotou àquela árdua tarefa de cuidar e educar filhos não gerados em seu próprio ventre. E assim, com seus doze ou treze anos, Severino se viu matriculado no Colégio Jackson de Figueiredo, uma escola particular, paga, dirigida por dois afamados professores, tidos como rigorosos disciplinadores.

Logo em seguida, foi para o Atheneu, um colégio mantido pelo Estado e considerado o mais importante de Aracaju. E foi aí que, na segunda série ginasial, empacado diante do Francês, sofreu sua primeira reprovação. No Atheneu ficou até concluir o ginásio, quando teve, pela primeira vez, o sonho de ingressar na Escola de Cadetes do Ceará. Mas não sonhava só. Este mesmo sonho era sonhado por toda uma geração de meninos que vislumbrava nas Forças Armadas um futuro mais que garantido. E, sonhando ao lado dele, estava também o irmão Manoel Messias. E então, juntos, rumaram para Salvador, onde foram submetidos a um rigoroso exame escrito. Tão rigoroso que, também juntos, foram reprovados, levando o sonho a uma trégua passageira.

De volta a Aracaju, ingressaram no curso científico do Colégio Estadual de Sergipe, antigo Atheneu, então com novas instalações. Terminado o científico, o antigo sonho voltou a se manifestar. Retornou a Salvador, desta vez para tentar a Escola de Cadetes da Marinha. Novamente, a sorte não lhe sorriu. Conseguiu aprovação no tal rigoroso exame escrito, mas foi reprovado no exame de compleição física.

Severino, desde os tempos dos folhetos de dona Menininha e da coleção do tio Lolinho, sempre foi muito aplicado à leitura; incentivado pelo pai, que via no estudo o futuro dos filhos. Como em Aracaju, nos idos de 1950, só existiam as Faculdades de Direito e Filosofia, cismou que o seu futuro estava na Medicina. Então conseguiu convencer o pai de seu propósito, obtendo dele o recurso necessário para se transferir para São Paulo, onde já vivia seu irmão mais velho. E, aí chegando, por volta de 1953, com o dinheiro contado, começou a estabelecer a exata dimensão do sonho e da realidade. De qualquer maneira, a história passaria a ser, no mínimo, diferente.

A saga de um desraizado

Com a mala na mão e o sonho de doutor na cabeça, Severino chegou em São Paulo e se instalou numa pensão na rua Dona Veridiana, no bairro de Higienópolis, que era freqüentada por operários espanhóis e nordestinos; gente desraizada que viera a São Paulo para tentar uma vida melhor.

Logo em seguida prestou o tão esperado exame para Medicina e, justificando o curso natural de uma saga, foi reprovado. Desanimado do sonho e acuado pela vida, tendo já esgotado o minguado dinheiro ofertado pelo pai, num ato último, beirando o desespero, se deixou sentar num banco da praça Dom José Gaspar, próximo à Biblioteca Municipal. Foi quando, num lance desarrazoado ou matreiro do destino, passou um senhor bem apessoado e vendo-o ali, cabisbaixo, se aproximou. Era um juiz do Trabalho a procura de um servente para a sua repartição. Foi a tábua de salvação e o começo de tudo, pois, nessa altura, a mente e o coração já estavam viajando para o aconchego da casa paterna, lá em Aracaju.

Começou a trabalhar no dia seguinte e, devido ao seu grau de instrução, lhe ofereceram uma coisa melhor: foi ser ajudante de ascensorista. E a sorte começou a brilhar. Logo em seguida foi indicado para a Seção de Protocolo, onde passava o dia registrando as petições que seriam encaminhadas para o tribunal. Após seis meses de monotonia protocolar, prestou um concurso interno para Auxiliar de Judiciário. Como a sorte agora estava do seu lado, foi aprovado em segundo lugar.

A história, neste ponto, poderia ser resumida, bastando dizer que chegou a conquistar o cargo de diretor judiciário de uma junta trabalhista, aposentando-se como técnico judiciário. No entanto, esta saga no judiciário trabalhista será relevante para compreender, mais na frente, aspectos importantes de sua obra.

De auxiliar de judiciário e, de concurso em concurso, foi galgando diversos postos e os penosos degraus de uma repartição pública. Inadaptado no setor de Audiência, e sem a habilidade suficiente com a máquina de escrever para registrar os monótonos e cansativos depoimentos das testemunhas, foi designado atendente, cuja função era informar aos reclamantes dos advogados o andamento dos processos. E, neste poço de reclamações, permaneceu dez anos.

Cansado dessa rotineira lida judiciária, resolveu sonhar, novamente, com a carreira universitária. Então prestou, em 1956, vestibular para Direito, na Faculdade de Guarulhos, influenciado pela "legalidade" em que vivia diariamente mergulhado. Pois, caso não viesse fazer do título uma profissão, ao menos serviria para conquistar outras promoções no funcionalismo público, como de fato ocorreu, até a sua aposentadoria, em 1990. E, uma vez aposentado, aproveitamos para fechar este capítulo destinado à saga judiciária, que foi, para a poesia popular, a responsável pelo surgimento de mais um poeta. Por inusitado que possa parecer, aí está, portanto, quantas e tamanhas funções nos reserva a nossa justiça!

Correndo atrás do conhecimento

Severino freqüentou a Faculdade de Direito sem muito entusiasmo, comprovado pelas ausências contínuas. Após uma jornada de seis horas de trabalho na repartição, deslocava-se para Guarulhos num ônibus quase sempre lotado, expelindo passageiros pelas portas e janelas. Exausto pelo trabalho e desarranjado internamente pelo sacolejo e aperto do ônibus, pouca atenção conseguia dispensar às retóricas dissertações energicamente proferidas por aqueles abnegados professores.

Assim, absorveu bem pouco dos conhecimentos necessários à profissionalização, o que de certo modo justifica sua consciência para o não exercício da profissão. Entretanto, como já dito anteriormente, o diploma de bacharel lhe serviu para a ascensão em sua carreira burocrática, contribuindo, principalmente, para a melhoria de seus vencimentos.

No entanto, apesar desta falta de estímulo para as coisas do Direito, Severino sempre cultivou o interesse e o hábito pela leitura, mantendo acesa dentro de si, como ele mesmo diz, "uma pseudo vocação literária". Passou então a freqüentar as conferências da UBE (União Brasileira dos Escritores) e diversos cursos por ela organizados. Assim, ao longo de alguns anos conseguiu colecionar inúmeros certificados de cursos sobre poesia, teoria literária e literatura em geral. Também ali conheceu um grupo de artistas do Museu de Arte Moderna de São Paulo, cuja influência e contato lhe permitiu fazer um curso livre de gravura.

Com este grupo ajudou a fundar um Clube de Gravuras, que posteriormente organizou inúmeras exposições em São Paulo. E também participou da fundação do *Limana*, um jornal literário do Grêmio Cultural Lima Barreto dedicado ao estudo e pesquisa da literatura brasileira. Neste jornal, alimentando suas pretensões literárias, contribuía escrevendo pequenos poemas e contos, fazendo também resenhas de alguns livros.

Ainda nesta mesma época, para afugentar um pouco a burocracia da repartição e dando rédeas soltas ao conhecimento, fez um curso de fotografia e jornalismo, ingressando também na Escola Superior de Cinema, onde permaneceu durante dois anos. Dos cursos de fotografia e cinema resultaram três filmes de curta metragem, sonorizados, em 16 milímetros: *Capoeira* (10 minutos); *Colônia de férias* (15 minutos), para o Sindicato da Borracha; e *Nosso sindicato* (15 minutos), para o Sindicato da Construção Civil de São Paulo.

Em 1961 tornou-se amigo de um grupo de artistas que tinha fundado o primeiro escritório de Desenho Industrial de São Paulo, uma entidade pioneira no setor. Ali, aprendeu algumas noções sobre confecção de cartazes e artes gráficas. Assim, graças a tudo isso, a essa diversidade de conhecimentos e experiências adquiridos ao longo de quase duas décadas de vida paulistana, Severino estava convicto e munido de razão suficiente para reconduzir sua história em direção à sua origem: a arte do povo. Daí, o retorno apaixonado e sem volta ao cordel e à xilogravura. A partir de então, a arte popular ganhou não apenas mais um poeta; mas, sobretudo, um abnegado militante, que há mais de trinta anos vem sendo, em São Paulo, um ponto de referência e de consulta obrigatória para todos aqueles que pesquisam e se interessam por estes assuntos.

A construção da encomenda

Paralelamente ao seu trabalho na repartição pública, Severino se aproximou do Sindicato dos Trabalhadores nas Indústrias da Construção Civil de São Paulo, onde passou a colaborar no seu diretório cultural, auxiliando na divulgação das atividades do sindicato. Isto aconteceu numa época de grande desenvolvimento da construção civil e, conseqüentemente, da própria cidade de São Paulo, quando os acidentes de trabalho superavam qualquer estimativa mundial.

Foi então que Severino consultou o presidente do sindicato sobre a possibilidade de iniciar uma ampla campanha entre seus associados sobre a prevenção dos acidentes de trabalho. A proposta foi imediatamente aceita, e então ele criou vários cartazes com ilustrações fotográficas abordando os perigos que ameaçavam o trabalhador no seu canteiro de obras. Estes cartazes foram espalhados pelo sindicato e também afixados nos locais de trabalho, de maneira a construir nos operários a consciência dos riscos e perigos, bem como dos cuidados devidos, exigidos pela profissão.

Os cartazes desta campanha alcançaram grande sucesso e foram, inclusive, premiados pela Delegacia Regional do Trabalho. No entanto, Severino não se deu por satisfeito com o trabalho, pois percebeu que os cartazes, belíssimos e muito bem confeccionados, não atingiam sua finalidade educativa, uma vez que os operários dificilmente conseguiriam decodificá-los, na justa medida, fazendo proveito de suas mensagens.

Sob a alegação de que a grande maioria dos trabalhadores da construção civil de São Paulo provinha do Nordeste, e que eram pessoas analfabetas ou semi-analfabetas, e ainda que na sua vivência, no seu repertório e até mesmo no seu imaginário traziam ritmados os versos da poesia popular, convenceu o presidente do sindicato de que a campanha somente obteria pleno sucesso com a utilização de um veículo que conseguisse traduzir a linguagem daquele trabalhador. E, para tanto, nada melhor do que reelaborar toda a campanha, em forma de cordel.

Assim, transformou todos os cartazes em um folheto de cordel, com as mesmas características gráficas do folheto nordestino, utilizando, inclusive, o papel manilha colorido para as capas e o papel jornal para o miolo. Este folheto, *Acidentes no trabalho no ramo da construção*, em sua primeira versão, ilustrado com xilogravuras de Franklin Maxado, foi publicado pelo sindicato, em 1979, com ampla distribuição no próprio sindicato e entre os trabalhadores. Conseguiu razoável divulgação na imprensa e foi, durante alguns anos, divulgado e distribuído entre os participantes dos Congressos de Prevenção de Acidentes no Trabalho. No próprio sindicato, Severino trabalhou a campanha fazendo uma ampliação do folheto em *slides*, que eram projetados em diversas reuniões de trabalhadores, e seus versos cantados por eles próprios, acompanhados por um cantador popular.

Em 1980, a editora Abril lançou, dentro da série *Literatura Comentada*, um volume dedicado aos *Autores de cordel*, com seleção de textos e estudo crítico de Marlyse Meyer, e figura no qual a primeira versão deste folheto de Severino, classificado como folheto de "encomenda e propaganda". Aliás, foi dentro desta vertente que Severino produziu a maioria de seus folhetos. Além deste, escreveu mais seis, conforme veremos mais adiante, no capítulo reservado à análise de sua obra.

Acidentes no trabalho no ramo da construção foi o segundo folheto criado por Severino. O primeiro, que escreveu por volta de 1977, foi *A grande paixão de Carlos Magno pela princesa do anel encantado*, uma história fantástica, na linha do cordel fantasioso, extraída de um livro de leitura muito comum no Nordeste, que conta as aventuras de Carlos Magno, e que ele já conhecia pelas muitas versões que guardava em sua pequena coleção de folhetos.

A partir do sucesso obtido por este folheto feito para o sindicato, e devido ao alcance por ele atingido, Severino se animou a produzir outras obras. No entanto, sua paixão pelo cordel vem da primeira infância; das aulas de dona Menininha e, sobretudo, da marcante influência de tio Lolinho. Assim que chegou em São Paulo, deu início à sua coleção de folhetos e também à sua vocação literária. Perambulou com seus sonhos de doutor por entre os meios eruditos para, no entanto, reencontrar-se com suas raízes populares; um caminho que acabou sem volta, por reafirmar-se no cordel e na xilogravura. A partir da década de 1980, assumiu para si a tarefa de produzir e divulgar a arte popular nordestina. E aqui, congelamos em Carlos Magno e sua princesa do anel encantado, para pegar a história por outro viés: o dos contatos, das pessoas importantes, das exposições; enfim, da atuação de um artista genuinamente popular. Enquanto isso, deixemos em paz o poeta, que segue escrevendo outros folhetos que, no devido tempo e por força da lógica, serão enumerados e comentados.

A praça fermentando o talento

Ainda no início da década de 1980, a praça da República, em São Paulo, abrigava aos domingos uma enorme feira, onde se podia encontrar um pouco de tudo, inclusive, poetas de cordel. Franklin Maxado e J. Barros foram os pioneiros da praça, onde instalaram uma banca para a venda de cordel e xilogravura. Foi por esta época que Severino conheceu e se juntou a esta plêiade popular e ali, durante mais de quinze anos e debaixo de toda sorte de intempéries, permaneceu divulgando o cordel e a obra de vários artistas populares: poetas, gravadores e cantadores.

Ali conheceu e trabalhou com artistas populares importantes, como Franklin Maxado, Jerônimo Soares, J. Barros, Théo Azevedo, Marcelo Soares e Théo Macedo, entre outros; além de conhecer e travar contato com diversos pesquisadores e entusiastas da cultura popular nordestina.

Na praça, o papel de Severino era, inicialmente, o de divulgador da cultura popular. Mesmo porque, em torno da banca dos poetas se reuniam, freqüentemente, intelectuais e estudiosos buscando respaldo na cultura do povo e isto fazia do local um animado centro de debates e discussões. Por outro lado, a banca se prestava também para a venda não só de cordel e xilogravura, como também de qualquer material correlacionado, além de palco para a cantoria onde, vez ou outra, declinavam em acirrado desafio, sobretudo, Maxado e J. Barros.

Diante disso, a criatividade de Severino passou a ignorar limites. Começou fazendo fotografias emolduradas de capas de folhetos de cordel. Beirando o final do ano, confeccionava cartões de Natal, ilustrados com xilogravuras nordestinas tendo como texto versos de folia de reis. Além disso, ele próprio se aventurava a cavucar a madeira, produzindo algumas xilogravuras.

E a praça funcionava também como um centro de divulgação e contatos, não só com pessoas, mas também com instituições, que procuravam os poetas e cantadores para palestras, debates, exposições e apresentações. Foi neste contexto que Severino passou a receber inúmeros convites para palestras, principalmente em escolas e também a fazer exposições.

Como já dito, desde que chegou em São Paulo, na década de 1950, Severino veio colecionando folhetos e adquirindo xilogravuras, de maneira a reunir, já em meados da década de 1970, farto e precioso material. Daí, seguindo os instintos da paixão pela cultura popular nordestina, sentiu que possuía material suficiente para uma razoável exposição. Reunia em seu acervo xilogravuras de Maxado, Jerônimo Soares, J. Barros, Dila, Costa Leite e Marcelo Soares, entre outros.

Sua primeira exposição foi em 1977, na Biblioteca Municipal Mário de Andrade, reunindo folhetos de cordel, xilogravuras e gravuras em alto relevo, destacando os gravadores populares Jerônimo Soares, J. Barros, Marcelo Soares e o próprio Severino. Logo depois, realizou duas exposições no Sindicato dos Trabalhadores nas Indústrias da Construção Civil, em São Paulo. A primeira em 1979, com xilogravuras de Maxado, Severino José, Jerônimo e Marcelo Soares. A segunda, em 1981, cujo tema era a Viasacra, com obras de Jerônimo, Marcelo Soares, J. Barros, Carlos Soares e Costa Leite. Em seguida, mais outras duas: uma no Sesc-São Paulo, e outra no Centro Cultural São Paulo, ambas patrocinadas por este último. Para tanto, toda a pesquisa, bem como os textos que acompanhavam as obras foram por ele produzidos. A partir daí, realizou inúmeras outras, envolvendo folhetos, xilogravuras, capas de folhetos, cartões de Natal e álbuns. Expôs na Galeria de Arte Álvaro Santos e na Funarte em 1996; no Guarujá, por ocasião do lançamento do livro *Cordel em movimento*, de minha autoria, em 1998 e no Espaço Cultural Tietê, da Universidade Sant'Anna, em 1999.

Dentre todas as exposições, Severino considera a da Funarte a mais completa Lá reuniu as melhores xilogravuras de sua coleção, como também toda a coleção de capa de folhetos. E na exposição, além de textos de sua autoria, também outros sobre xilogravura de vários pesquisadores importantes, como Ariano Suassuna e Cavalcante Proença.

Quanto às palestras, que foram tantas, Severino já não guarda em mente o número de quantas realizou, não somente em São Paulo, como também no interior e litoral. Geralmente as palestras vêm a convite de escolas, universidades, centros culturais e associações diversas. Nelas, a título de ilustração, Zacarias sempre expõe folhetos, xilogravuras, álbuns e, quando os recursos permitem, leva algum cantador. E quase sempre também, como eterno abnegado, acaba colocando recursos do próprio bolso, uma vez que estas atividades raramente são remuneradas. Comparece em todos os lugares sempre que é solicitado, por puro prazer e pela paixão que nutre por esta sua fonte cultural específica.

Ainda dentro desta sua atividade de divulgação da cultura popular, está a produção e edição de oito álbuns de xilogravuras. O primeiro foi *Via-sacra segundo Jerônimo*, em 1978, com versos de J. Barros e apresentação do escritor Paulo Dantas. Foram editados cento e cinqüenta exemplares, confeccionados por Coriolano Pereira, em caixas de papel duplex revestido em linho natural. O segundo foi *10 xilogravuras de Jerônimo Soares*, com texto de Homero Sena e apresentação de Jorge Amado. Foram editados cem exemplares em papel *vergê*, e confeccionados por Coriolano Pereira.

Em seguida, *5 xilogravuras populares de Jerônimo Soares*, com apresentação de Joseph Luyten. Foram editados quinhentos exemplares em papel *westerprint* e mais cem em papel especial, com impressão manual executada no atelier de Jacob Rissin; *Via-sacra de Carlos Soares*, em 1979, com apresentação do Cardeal Dom Paulo Evaristo Arns, Arcebispo Metropolitano de São Paulo, com edição limitada e impressa no atelier de Jerônimo Soares; *10 xilogravuras de J. Barros*, em 1980, numa edição de duzentos exemplares, impressa manualmente, em papel especial; *22 xilogravuras de Maxado*, em 1980, com apresentação de Mark Curran, numa edição de duzentos exemplares em papel *westerprint* e mais cinqüenta exemplares em papel *couché; 10 xilogravuras de Garibaldi*, em 1991, com apresentação de Paulo Menten, numa edição limitada a cinqüenta exemplares e, finalmente, *8 xilogravuras de Zacarias*, com apresentação de Paulo Dantas, numa edição também limitada a cinqüenta exemplares.

Em 1980, por intermédio de um amigo que morava na França, Severino forneceu algumas xilogravuras (inclusive aquelas de Jerônimo Soares, que ilustraram o folheto sobre acidentes de trabalho), para a revista suíça *Xilon*, que publicou um luxuoso álbum, com texto em alemão, numa edição de seiscentos exemplares, reunindo os melhores e mais conhecidos gravadores nordestinos.

Valendo-se ainda dos conhecimentos que adquiriu sobre cinema e fotografia, Severino produziu, em 1996, um precioso vídeo: *A Via-sacra segundo Jerônimo*, com xilogravuras de Jerônimo Soares e versos e cantoria de J. Barros, que é uma transposição para o vídeo do álbum de Jerônimo anteriormente produzido. O texto de apresentação é do escritor Paulo Dantas e foi produzido com versões em português e inglês.

Como pesquisador da cultura popular nordestina, produziu diversos artigos para jornais e revistas, retratando o cordel e a xilogravura, bem como os artistas populares. De janeiro a julho de 1998, publicou no *Jornal 1ª Hora*, do Guarujá, vinte artigos que, de certo modo, alinhavam uma história resumida do cordel e da xilogravura e que pretende, em breve, transformar em livro, destinado sobretudo a estudantes e cuja finalidade é introduzi-los no maravilhoso universo da literatura popular nordestina.

Ao longo desta trajetória, Severino travou contato com vários artistas importantes e renomados pesquisadores, com quem trocou informações, fornecendo, inclusive, preciosos materiais de sua coleção particular. Dentre eles, o professor Joseph Luyten, quando era ainda professor da Universidade de São Paulo e escreveu o livro *A literatura de cordel em São Paulo*, com quem ainda hoje mantém constante e estreito relacionamento. Severino manteve correspondência também, durante algum tempo, com o professor Mark Curran e conheceu pessoalmente e também manteve correspondência com o professor Raymond Cantel, a quem escreveu um folheto, prestando-lhe homenagem.

Conheceu Manuel D'Almeida Filho em Sergipe, ocasião em que este selecionava, para a editora Luzeiro, folhetos para publicação. Nesta ocasião, Severino lhe apresentou, para apreciação, sua *A divina comédia*. O poeta leu e pediu licença para consertar os "pés-quebrados", no que Severino, tomado por tamanha honra, imediatamente concedeu. Este folheto, corrigido de próprio punho por Manuel D'Almeida, constitui um dos raros documentos pertencentes à sua coleção.

E para finalizar este capítulo, carregado de feitos quase heróicos, nada melhor do que a reprodução de uma carta de seu amigo pessoal, Rodolfo Coelho Cavalcante, que também figura na galeria de suas raridades. E foi nestes termos (e conservando a versão original), que Rodolfo puxou a orelha do amigo:

Salvador, 18 de julho de 1986

Querido ZACARIAS JOSÉ

Fraternal Abraço

Você tem sido para comigo muito ingrato de só escrever-me de tempo em tempo. Você sabe que admiro e desejaria ter mais contato para trocar idéias em torno da Literatura de Cordel. Seus trabalhos sempre são primorosos, por serem de boas qualidades e como sou poeta, amo as boas poesias.

"A DIVINA COMÉDIA" é uma obra clássica e deve ser melhor divulgada entre seus admiradores. "FÁBULAS" é uma obra didática que deveria ser conhecida pelos nossos estudantes brasileiros e pela nossa chamada classe de eruditos.

Enquanto "PRÍNCIPE ENCANTADO" é um Cordel valioso. Não vou mais comentar suas atividades, pois você que diz ser meu admirador tem de mim se esquecido.

Com meu abraço de novembro, nas minhas férias vou lhe re-abraçar com mais efusão.

Tchau, querido irmão.

Com isso, pensamos ter dado conta, resumidamente, dos aspectos biográficos do nosso, não diria apenas poeta, mas do homem que devotou e continua devotando seu trabalho e sua vida em prol da poesia e do artista popular. Chegado, então, o devido momento, a exemplo de Manuel D'Almeida, mais uma vez pedimos licença ao poeta para, agora sim, apresentar sua obra e, em seguida, brindar nosso leitor com a antologia por nós selecionada.

Mãos à obra

Paralelamente ao trabalho de divulgação da cultura popular nordestina e dos respectivos artistas, Severino José foi também construindo sua obra poética e, pode-se dizer, como a de todo poeta, ao sabor das circunstâncias. Até o presente momento, foram quinze folhetos, sendo que um deles, *O velho e a cotovia*, além de não ter sido publicado, se perdeu para sempre em meio a tanta peleja de papéis, folhetos, projetos, artigos, recortes de jornais e tudo o mais que um pesquisador sempre acha interessante guardar. Também inédito continua *A divina comédia*, que ora selecionamos para a presente antologia. Os demais foram todos publicados, em sua maior parte, em reduzidas edições xerocopiadas.

O velho e a cotovia foi um folheto produzido por volta do início da década de 1980, baseado numa história infantil de Leonardo da Vinci. Todo esforço é inútil para descrever seu conteúdo. Na lembrança de Severino, representa apenas o período em que estava se iniciando no cordel, quando lhe convinha adaptar as histórias clássicas por ser mais fácil.

Duas características marcantes na obra de Severino José são a sextilha e o acróstico. Todos os seus folhetos foram escritos em forma de sextilhas e, com exceção das *Fábulas* e de *Breve história do seguro*, todos terminam com o acróstico: SEVERINO. E aqui, um de seus acrósticos, ligeiramente enfezado, para usar a expressão do próprio Severino, extraído de *O príncipe que era malvado*:

S-abemos que hoje em dia
E-xistem também poderosos
V-alentes só para os fracos
E-xigentes e orgulhosos
R-icos e autoritários
I-ntolerantes e maldosos
N-adando em muito dinheiro
O-dientes e presunçosos.

Consultando a memória de Severino, conseguimos extrair, quase a fórceps, algumas poucas datas. O certo é que o seu primeiro folheto, *A grande paixão de Carlos Magno pela princesa do anel encantado*, é de 1977; e o segundo, *Acidentes no trabalho no ramo da construção*, de 1979. A partir daí, o que a memória traiçoeira consentiu em favorecer, foi apenas a seqüência em que foram produzidos os demais, que é a seguinte: *ABC do direito do trabalhador; Como anda um processo na Justiça do Trabalho; Quem quer subir na vida, muita força tem que fazer; Fábulas; A divina comédia; A estória de Robinson Crusoé; O príncipe que era malvado; Aids, doença da gota serena, que mata o cabra sem ter pena; Homenagem a Raymond Cantel; Chute pra nós o pepino; Breve história do seguro e Convite.*

Para efeito de estudo, como sempre acontece, e fugindo da ordem em que os folhetos foram produzidos, poderíamos classificar a obra de Severino José em quatro grandes temas: histórias fantásticas; adaptação de obras clássicas; encomenda e, finalmente, homenagem e divulgação. Como histórias fantásticas, encontramos *A grande paixão de Carlos Magno pela princesa do anel encantado* e *O príncipe que era malvado*, ambas originárias de livros de histórias tradicionais, trazidos pelos portugueses e que serviram de inspiração aos nossos poetas populares. O primeiro folheto — com capa ilustrada por Jerônimo Soares —, segundo o próprio Severino, foi inspirado em outros folhetos de sua coleção, versados sobre o mesmo tema; o segundo, numa história antiga, que se tornou de transmissão oral, contada por sua mãe, conforme ele mesmo atesta, logo em seu início:

Esta estória é tão antiga
Minha mãe já me contava
De um príncipe malvado
Que em vencer só pensava
Passando por cima dos outros
Suas terras aumentava

Mesmo quando pequenino
O príncipe já aprontava
Fazendo sofrer os criados
A todo mundo infernava

Não obedecia a seus pais
Só em maldade pensava

Cresceu desembestado
Endurecendo o coração
A sua infância passou
Sem pensar em oração
E quando ficou adulto
Parecia o próprio cão.

Adaptados de obras clássicas, temos três folhetos: *A divina comédia* (Dante Alighieri); *Fábulas* (La Fontaine, Esopo e Fedro); e *Robinson Crusoé* (Daniel Defoe). A exemplo de outros poetas, a intenção de Severino ao tratar destes temas era, primeiramente, popularizar as grandes obras clássicas produzidas pela humanidade e ainda, facilitar o exercício de aprendizado na feitura dos folhetos. Como já foi comentado anteriormente, *A divina comédia* nunca foi publicada e a versão que ora se publica é a mesma que foi, pacientemente, "consertada" por Manuel D'Almeida Filho. O folheto *Fábulas*, com vinte e seis páginas, foi publicado em forma de álbum, com quinhentos exemplares numerados, com capa e xilogravuras de Jerônimo Soares.

Mas foi sob encomenda que Severino produziu a maior parte de suas obras, ao todo, sete: *Acidentes no trabalho no ramo da construção*; *ABC do direito do trabalhador*; *Como anda um processo na Justiça do Trabalho*; *Aids, doença da gota serena, que mata o cabra sem ter pena*; *Quem quer subir na vida, muita força tem que fazer*; *Chute pra nós o pepino* e *Breve história do seguro*. As quatro primeiras foram feitas sob encomenda para o Sindicato dos Trabalhadores nas Indústrias da Construção Civil de São Paulo, onde Severino passou a colaborar, para seu departamento cultural.

O primeiro folheto, de 1979, *Acidentes no trabalho no ramo da construção*, como também já mencionado anteriormente, foi criado para uma campanha promovida pelo Sindicato, com o propósito de alertar sobre os riscos e perigos que rodeiam o trabalhador da construção civil, bem como as formas de evitá-los. Dentre todos, este foi o folheto que conseguiu maior divulgação e tiragem, com várias edições, e ampla distribuição entre os trabalhadores. Na época, foram feitos inúmeros artigos na imprensa paulistana, bem como diversas citações na bibliografia especializada.

Deste folheto Severino fez três versões diferentes, com pequenas variações: a primeira versão, que foi publicada pela editora Abril, figurando na coleção *Literatura Comentada*, foi ilustrada com xilogravuras de Franklin Maxado, a segunda, ilustrada por Jerônimo Soares, e a terceira, por J. Barros. Todas as três versões foram publicadas, em várias edições, pelo Sindicato. Para a presente antologia, selecionamos a última versão.

O diploma de advogado, conquistado a duras penas, serviu para Severino produzir, com pleno conhecimento de causa, os dois folhetos seguintes, uma vez que nunca fez uso de tal titulação para exercer a profissão, a que lhe outorgava o Direito. *ABC do direito do trabalhador* foi feito sob encomenda de vários sindicatos, dentre eles o da Construção Civil, o dos Hotéis e o da Borracha. Como o próprio nome sugere, é um folheto didático, que explica, de forma bastante simples, todos os benefícios e direitos trabalhistas do operário.

Em *Como anda um processo na Justiça do Trabalho*,

além de traduzir as leis para a linguagem do trabalhador, Severino revela também todos os trâmites pelos quais passa um processo, quando cai na Justiça do Trabalho, assunto de seu pleno domínio, haja vista as décadas que ali passou. E aproveita para esclarecer o trabalhador sobre os seus direitos e sobre como proceder numa situação de litígio perante a Justiça e o patronato. Este folheto também foi de encomenda do Sindicato da Construção Civil, onde ele proferiu várias palestras para os associados, abordando temas relativos aos direitos dos trabalhadores. Estes dois últimos folhetos também foram publicados pelo sindicato, com xilogravuras do próprio Severino. E é assim que ele inicia o folheto, para falar do andamento de um processo:

É certo que o trabalhador
Quando é mandado embora
Quase sempre desespera
Sem saber a quem implora
Está no mato sem cachorro
E é o que vamos ver agora

Ele não tem outro jeito
A não ser ir reclamar
Bate à porta da Justiça
E tem muito o que esperar
Porque está bem grande a fila
E não tem outro lugar

A Justiça do Trabalho
É um órgão competente
Para cuidar dos processos

Daquele monte de gente
Que ficou desempregada
E sem nada de repente.

O folheto *Aids, doença da gota serena, que mata o cabra sem ter pena*, feito também sob encomenda do sindicato, surgiu em meados da década de 1980, quando o problema da crescente contaminação começou a ser tratado como assunto de saúde pública, com ampla divulgação na imprensa. Até então a contaminação estava restrita a um chamado grupo de risco específico, o dos homossexuais, e o tema era revestido de muita cautela, devido aos riscos do preconceito.

Nos jornais de São Paulo e do Rio de Janeiro começaram a aparecer reportagens sobre casos de contaminação entre os trabalhadores da construção civil, em sua maioria nordestinos. Era o caso de homossexuais que, à noite, adentravam as construções (acolhidos pelos trabalhadores, é claro), e lá constituíram suas parcerias amorosas, fazendo crescer, espantosamente, o número de casos de contaminação entre esta classe de operários.

Como a situação era extremamente preocupante, inclusive para os órgãos de saúde pública, o sindicato decidiu empreender uma ampla campanha em torno do assunto, cuja finalidade era alertar seus associados sobre a gravidade do problema. Daí o surgimento deste folheto. No entanto, para Severino, como o assunto pedia certa urgência, a linguagem deveria ser direta, sem rodeios, para que o operário compreendesse rapidamente a gravidade do problema. E, considerando-se ainda que a maioria destes trabalhadores era semi-analfabeta, o folheto deveria apelar, diretamente, para a preservação imediata da própria existência. Somente assim, entendia ele, a campanha alcançaria o seu propósito imediato.

No entanto, quando o folheto foi apresentado ao sindicato, a sua diretoria entendeu que Severino José estava apresentando o problema de forma por demais direta, e que sua linguagem, além de pesada, beirava o terrorismo; ou seja, entendeu que o folheto apontava uma gravidade muito maior do que a que realmente se verificava e o folheto foi rejeitado. O mesmo aconteceu quando Severino o apresentou ao GAPA (Grupo de Amparo aos Portadores da Aids), de São Paulo. Os psicólogos e assistentes sociais da entidade tiveram entendimento semelhante ao da diretoria do sindicato e, mais uma vez, o folheto não recebeu divulgação.

Aborrecido pela incompreensão, Severino não encontrou estímulo para publicá-lo. Comentando o assunto e avaliando a posição das entidades, mantém-se fiel à sua convicção, pois acredita que aquele trabalhador, naquele momento e naquelas circunstâncias, não poderia jamais ter noção da gravidade do problema, numa linguagem que não fosse a sua; que não fosse aquela travada entre seus pares, no dia-a-dia. E compara a linguagem de seu folheto com a das propagandas sobre Aids realizadas pelo governo, cuja linguagem se apresenta muito distante do universo cultural daquele trabalhador da construção civil.

Passados todos estes anos, acredita que seu folheto (na época, um dos primeiros), com ampla divulgação entre os operários, poderia ter contribuído para evitar muitos casos de contaminação, como de fato ocorreram e, mais tarde, foram confirmados pela imprensa. Alguns anos depois, numa edição restrita, Severino publicou este folheto, cuja capa foi ilustrada por J. Barros.

Um outro folheto de encomenda foi *Quem quer subir na vida, muita força tem que fazer*, que ele fez ainda na década de 1980, por intermédio de um amigo, para uma empresa (não ficou sabendo qual) que pretendia estimular em seus funcionários a importância do plano de carreira, recentemente implantado por ela. Ele próprio o publicou numa edição xerocopiada e reduzida, cuja capa trazia uma xilogravura de Jerônimo Soares. A seguir, alguns versos, não seqüenciais, deste folheto:

O trabalho é uma coisa
Todo mundo sabe o que é
Trabalha homem e menino
Trabalha também mulher
Mas pra se subir na vida
Vou lhe mostrar como é

A vida é como uma escada
Que nós temos que subir
Mas não se pode dar pulos
Pois você pode cair
Mas quem age com prudência
Chega lá sem se afligir

E esta oportunidade
Você não deixe escapar
À grande firma interessa
Todo mundo se arrumar
Tem curso de treinamento
Que muito vai lhe ajudar.

Chute pra nós o pepino foi uma encomenda de uma empresa de assessoria e publicidade que, recém-entrada no mercado, por teimosia do destino, precisava de publicidade. E ela mesma, vendo no cordel uma forma de divulgação que se adequava perfeitamente às suas necessidades, encomendou a Severino um folheto que falasse da importância da publicidade, bem como dos serviços por ela oferecidos. E assim surgiu este folheto de propaganda, versado com muito humor, como podemos verificar:

Surge quase todo dia
Isto todo mundo sabe
Pede um cliente exigente
Antes que o dia se acabe
Um chapéu pra quatro bispos
E uma batina de frade

Um fotógrafo apressado
Quer uma formiga gigante
Pra terminar uma foto
De um anúncio importante
Como achar a encomenda
Pra dali a algum instante?

Outro já tá precisando
De um chucrutes alemão
Pra fazer uma filmagem
Sem mexer com a produção
Tudo a toque de caixa
E está formada a confusão.

E, finalmente, na temática encomenda, *Breve história do seguro*, um folheto encomendado pela revista *Primeiravia*, especializada em seguros. Este folheto foi distribuído encartado dentro da revista, em 1998, numa luxuosa edição em papel *couché*, no tamanho 14x21 cm., contendo doze páginas e inteiramente ilustrado com xilogravuras coloridas e exclusivas de Marcelo Soares. Abaixo, alguns versos desta história milenar:

Bem antes do povo grego
Berço da civilização
O grande povo fenício
Criou a navegação
Também, por certo, o Seguro
Para a sua proteção

Os navios carregados
De trigo, cerâmica e mel
Enfrentando as tempestades
Seguiam no seu papel
Levando por toda a parte
Uma riqueza a granel

Mas todos corriam o risco
Da grande pirataria
Com naufrágios tão comuns
Ninguém tinha garantia
Gregos, fenícios, troianos
Passavam grande agonia.

Na temática homenagem e divulgação, e chegando ao final destes breves comentários, temos as duas últimas obras:

Homenagem a Raymond Cantel e *Convite*. A primeira, como o próprio título anuncia, foi uma homenagem prestada ao pesquisador francês, logo após a sua morte. Este folheto foi publicado, também em edição reduzida, com a capa ilustrada por uma xilogravura de J. Barros.

Para muitas de suas exposições, Severino confeccionava um convite em forma de cordel, que era enviado para a imprensa, amigos e conhecidos. E a cada exposição ele ia aumentando e aprimorando este convite, até que ele acabou por se tornar um folheto, com trinta e três estrofes. A última versão deste folheto é de 1999, ocasião em que realizou sua última exposição, no Espaço Cultural Tietê, da Universidade Sant'Anna. A capa deste folheto-convite traz como ilustração uma gravura de um artista popular anônimo, que Severino, em sua homenagem, adotou como logotipo de suas façanhas, utilizando-o inclusive em seu cartão de visitas. E é assim que ele começa fazendo o seu *Convite* para as suas exposições:

Ilustre povo paulista
Agora nós vamos ver
A Arte que vem do povo
Que não pára de crescer
Aqui no Espaço Cultural
Tem arte pra dar e vender

Nesta grande exposição
Com artista popular
Que vieram lá do Norte
E tem muito o que mostrar
A arte da xilogravura
Por certo vai agradar

O cordel como sabemos
Há muito, por aqui chegou
Na mala do nordestino
Quando ele emigrou
E na praça da República
Ele logo se instalou.

E com isto, pensamos ter dado conta da tarefa a que nos propusemos, oferecendo um breve relato de uma convivência que beira já os quatro anos, e que muito contribuiu para o fortalecimento de nossa amizade, bem como para a elevação moral e ética de nossas vidas. Assim como nos trouxe a certeza de que este novo milênio está reservado para a cultura feita pelo povo, pois é dele que emana toda a energia capaz de transformar não só o homem, como também o próprio mundo.

Por outro lado, penso que essa ligeira passada pela vida de Severino José e um olhar modestamente demorado sobre sua obra, é suficiente para o leitor estabelecer, ele próprio, suas conclusões. Do meu lado, sem falsa modéstia e nenhum laivo de pedantismo, prefiro deixar as minhas estampadas nos versos que a ele dediquei, por ocasião do seu sexagésimo sexto aniversário, e que foram publicados no *Jornal 1ª Hora*, do Guarujá, em 5 de março de 1998:

Salve o poeta popular
(a Severino José)

Ao leitor peço licença
Pra um amigo louvar
Que aqui nesta cidade
Por gosto veio aportar

Trouxe sua inteligência
Trabalho e competência
E muita coisa pra dar

No dia 5 de março
Do ano de 32
Conceição sentiu-se mal
Pensou que viessem dois
Mas nasceu um só menino
Que nos braços do destino
Se fez poeta depois

Com o nome Zacarias
Na pia foi batizado
Marcação era a cidade
Sergipe o seu estado
O seu pai Evangelista
Homem forte, idealista
Caráter bem refinado

Sua infância foi ali
Pelos sonhos povoada
Se batendo entre as palmeiras
Brincando com a meninada
Primeiro livro que leu
Foi Menininha quem deu
A boa mestra enfezada

O pai logo percebeu
Que ele tinha que estudar
Com aquela inteligência
Não podia ali ficar

Pôs as roupas num baú
Numa casa em Aracaju
Com a tia foi morar

Mas sua maior vontade
Era fazer Medicina
Como lá não tinha jeito
Com a cidade pequenina
Para São Paulo emigrou
E a vida enfrentou
Pra cumprir sua sina

E lá na cidade grande
Precisava trabalhar
O sonho de ser doutor
Teve que abandonar
Buscando um quebra-galho
Na Justiça do Trabalho
Conseguiu se empregar

A vida não era fácil
Nem por isto esmoreceu
Dedicado aos estudos
Outros campos conheceu
Comunicação, pintura
Cinema, xilogravura
Tudo isso ele aprendeu

Freqüentando a faculdade
Em Direito se formou
Mas à alma nordestina
Sua vida devotou

Apesar do sacrifício
Fez-se poeta de ofício
Cantando o que lá deixou

Um amante inveterado
Da cultura popular
Estuda com muito afinco
Procurando se elevar
Artigos tem produzido
De valor reconhecido
Para o cordel divulgar

Com o nome Severino
Ele assina sua obra
Na feitura da poesia
Talento ele tem de sobra
É um ser abnegado
A todos tem ajudado
E por isto nada cobra

Este espaço é pequeno
Muito tinha pra falar
Nesta data tão singela
Não podia me furtar
De enviar o meu apreço
E muito lhe agradeço
Pelo dom de iluminar.

Luiz de Assis Monteiro

A grande paixão de Carlos Magno
pela princesa do anel encantado

O famoso Carlos Magno
Antes dos quarenta anos
Teve quatro mulheres
Ou mais se não me engano
Somente com esta última
Quase entra pelo cano

Assim conta a história
Quatro vezes ele casou
Porque morreu a primeira
A segunda empacotou
E a terceira embora viva
O rei dela separou

E como não era trouxa
Pra ficar na solidão
Reuniu os conselheiros
Dando ordem de patrão
Pra arranjar uma princesa
Pois tinha bom coração

Mandou vir do Oriente
Uma princesa famosa
E pela quarta vez casou
Pois o rei não era prosa
Vivendo grandes momentos
Com esta princesa ditosa

Mas desde o primeiro dia
A princesa que era bela
Um estranho fascínio tinha
O rei não passava sem ela
E quando ela demorava
O rei perdia a "tramela"

A rainha tinha uns olhos
Mais negros do que gazela
Os cabelos tão sedosos
E todos gostavam dela
O rei vidrado ficou
E nem chegava à janela

Era uma beleza tão rara
Todo mundo admirava
E tinha uma voz tão pura
E a alegria cultivava
O seu corpinho bem feito
Até de longe aromava

Com ela o rei se casou
Foi uma festa legal
Todo o reino se encantou
Vendo aquele amor real
Vivendo um mês de festança
Numa alegria geral

O rei vivia feliz
De tal modo embevecido
Se a rainha estava triste
Já ficava embrutecido
Assim se passavam os dias
Naquele reino esquecido

O xodó pela rainha
Preocupava todo mundo
Porque o rei enrabichado
Se calava num segundo
Vivendo todos os momentos
Daquele amor tão profundo

A razão daquele encanto
Vinha do anel da rainha
Que ela recebeu do pai
E grande feitiço tinha
E o rei que era um galo
Chocava que nem galinha

O pai da bela rainha
Lhe havia recomendado
Que não tirasse o anel
E o mantivesse guardado
Pois o poder que ele tinha
Mantinha o rei bem grudado

E o tempo ia passando
O rei escravo ficou
A rainha fazia tudo
Pois ao rei enfeitiçou
E ele que era um grande
Bem logo a crista baixou

Mas como não existe bem
Nem mal que não tenha fim
A rainha que era fraca
Não agüentou o festim
Veio a falecer depressa
Deixando o rei bem ruim

Mesmo antes de morrer
Para não perder o encanto
A rainha colocou na boca
Aquele anel de quebranto
Para manter o rei preso
Sem sair daquele canto

E mergulhado em tristeza
O rei quase enlouqueceu
Não se afastava do caixão
E quase nada comeu
Passando os dias a olhar
O corpo que já foi seu

O corpo dela ficou
Guardado num belo caixão
O rei não largava dele
Preso pela grande paixão
E os negócios do reinado
Iam em grande confusão

Foi então chamado um bispo
Por todos muito sabido
Pra desfazer o encanto
Ou o caso estava perdido
E o rei não largava o corpo
A ninguém ele dava ouvido

O bispo procurou atento
A causa daquele enredo
E descobriu o anel mágico
E colocou no seu dedo
Nisto chega o rei cansado
Em busca do seu segredo

Um fato estranho se deu
Naquele ambiente sagrado
O rei nem olhou pra rainha
Nem seu corpo embalsamado
Agora fitava o bispo
Muito mal intencionado

O bispo que não era bobo
Vendo aquela intenção
Procurou refúgio no quarto
Fugindo da situação
Porque o rei como estava
Podia ser sua perdição

Aquela situação crítica
Deixava o bispo preocupado
Pois ele sabia que o anel
Era mágico e enfeitiçado
Se não tomasse cuidado
Seu destino estava traçado

O bispo tinha um receio
Do anel cair na mão
De alguém inteligente
Ou de um tipo malsão
Que usasse contra o rei
Numa triste situação

E procurou desfazer-se
Daquele anel encantado
Mas quanto mais pensava
Mais ficava aperreado
Como se ver livre da coisa
Que mantinha bem guardado

Então resolveu convidar
O rei para uma caçada
Encontrou um lugar bonito
Além de uma paliçada
Para esconder o anel
Livrando-se daquela maçada

Bem perto dali havia
Uma lagoa tão bela
O bispo disfarçadamente
Atirou o anel nela
E ficou tão aliviado
Saindo daquela esparrela

O rei ao voltar da caça
Vendo aquela lagoa bonita
Ficou também encantado
Mandou fazer uma guarita
Dando início à construção
De uma capela catita

Dali nasceu uma cidade
Em torno daquele lugar
Que tinha água tão pura
Muito boa de tomar
E o rei quando podia
Na lagoa ia se banhar

Quando o rei se banhava
Parecia até sentir
O perfume da rainha
E o seu corpo bulir
Mergulhado na água
O rei começava a sorrir

Mandou construir um túmulo
Todo de mármore puro
Que era tal sua beleza
Todo cercado de muro
Que mesmo estando sem luz
Nunca ficava no escuro

S-alve esta linda estória
E-ncantada e tão bonita
V-i num livro muito antigo
E-ntre coisa tão catita
R-imando em minha escrita
I-nda que pobre inspirada
N-unca houve tanto amor
O-h, gente bem educada.

A divina comédia

Cantarei agora em versos
Se não me faltar memória
Um dos maiores poemas
Que registra a nossa história
De um tão grande italiano
Que morreu cheio de glória

Ele nasceu em Florença
E lá foi muito feliz
Ainda quando criança
Como o seu destino quis
Amou uma jovem linda
Por nome de Beatriz

Sua musa inspiradora
Muito jovem, faleceu
Deixando o grande poeta
Que assim quase enlouqueceu
Mergulhado em grande dor
Por milagre não morreu

Na sua amada cidade
Dominada por partidos...
Um que apoiava o Papa
Naqueles tempos já idos
Era tão grande a disputa
Que ai dos que fossem vencidos

Mas graças ao seu talento
O poeta achou seu posto
Disputado por maus olhos
Logo ele se viu deposto
Ao exílio foi mandado
Onde viveu em desgosto

Em Ravena foi morar
E lá encontrou a paz
Como tinha inteligência
Muita amizade ele faz
Mas a lembrança da amada
Já não largava o rapaz

Quando o poeta dormia
Em sonho lhe apareceu
A querida Beatriz
Que há muito faleceu
E com sua voz suave
Um recado ela lhe deu

O choque foi tão tremendo
Que o poeta adoeceu
Lá por entre a vida e a morte
Quase ele enlouqueceu
Mas passando aquela crise
Já se restabeleceu

Prometeu à sua amada
Escrever o acontecido
Contando aquela visão
Que ele tinha recebido
Sem esquecer os detalhes
Do que lhe havia ocorrido

O poema foi escrito
Descrevendo aquele sonho
Que teve o triste poeta
Naquele instante medonho
Ainda hoje quem lê
Não acha o fato risonho

Numa selva tão escura
O poeta se encontrava
Por mais que lá procurasse
A saída não achava
Quando avistou uma onça
Que a passagem não lhe dava

Naquele terrível bosque
Onde o sol não alumia
Vagava o poeta só
Amargando uma agonia
E na sua frente a onça
Do caminho não saía

Espinhos feriam a face
Do poeta até a testa
Que lá caía e se erguia
Naquela horrível floresta
Sofrendo de grande medo
Procurando alguma fresta

Por mais que ele esforçasse
Não saía do lugar
No terreno pedregoso
Só fazia tropeçar
Cada passada que dava
Mais parecia afundar

Já grandemente ferido
Daquele bosque saiu
Quando o sol apareceu
O poeta conseguiu
Tomar a direção certa
Numa colina subiu

Dante ainda se lembrava
Daquela noite horrorosa
Que passou na selva escura
Que noite mais pavorosa!
O susto que lá passou
Foi real e não foi prosa

E como estava cansado
Sem ter forças para andar
Ainda um longo caminho
Ele tinha que varar
Ali mesmo na colina
Resolveu se acomodar

A onça não dava folga
Passando ali a rosnar
Estava tão assanhada
Ninguém deixava passar
Quando surgiu um leão
Pronto para devorar

Para tão feroz aspecto
Logo que ele apareceu
Seu rugido era tão forte
Que a floresta ali tremeu
Temendo por sua sorte
O vate retrocedeu

O sol naquele momento
Quase desapareceu
A escuridão veio vindo
Já mais forte do que breu
Lá o poeta escondido
Um aviso recebeu

Um vulto se aproximou
Pela árvore do meio
Com uma voz singular
Disse: Não tenha receio
Vim só para lhe ajudar
A sair desse aperreio

A alegria do poeta
Foi uma coisa tremenda
Ali naquele abandono
Onde o erro não se emenda
Sentiu que tinha um amigo
Pra lhe servir de contenda

A voz era de Virgílio
Aquele vate romano
Que veio para ajudá-lo
Sair de tal desengano
O nosso grande poeta
Agora encontrou um mano

Pois depois de Beatriz
Nenhum outro ser humano
Lhe dava tanta alegria
Naquele abandono insano
O vate criou coragem
Para mudar o seu plano

Virgílio tinha vivido
Há muitos anos passados
No entanto seus poemas
Eram muito apreciados
E o poeta florentino
Os conservava guardados

E para o grande poeta
Tudo isso era natural
A aparição de Virgílio
Lá naquele matagal
Parecia coisa simples
Que se tornava banal

Mas Virgílio estava ali
Atendendo a um pedido
Que lhe fez a Beatriz
Para salvar seu querido
Pois o poeta sozinho
No mundo estava perdido

Virgílio pegou na mão
Do poeta apavorado
E o afastou do leão
Para não ser devorado
Mudando de direção
Seguiu para o outro lado

E disse para o poeta:
Olhe para aquele lado
Onde habitam os espíritos
Quê muito tinham pecado
Vá naquela direção
Pra não cair no errado

O nosso vate seguiu
Esse conselho prudente
Pegando na mão de Virgílio
Andando sempre pra frente
Deixando aquele perigo
Saiu ali de repente

E pela mão de Virgílio
Segue o nosso vate terno
Vai caminhando prudente
Até a porta do inferno
Onde as almas padecem
Queimando no fogo eterno

Muito temeroso o vate
Com dificuldade andava
A tarde ia já morrendo
E a luz do sol declinava
Vencido pela fadiga
Até o inferno chegava

Tomado de grande assombro
Com medo de aventurar
Nessa empresa medonha
Os dois ficaram a pensar
Se não era bom pararem
Antes do passo avançar

Não tenha medo, poeta
Disse Virgílio a sorrir
Se nós chegamos aqui
Temos mais que prosseguir
Pois o homem ao destino.
Jamais poderá fugir

Falando com voz tão firme
Que o poeta percebeu
Virgílio que estava ali
Como Deus lhe concedeu
Para indicar o caminho
Àquele que se perdeu

Virgílio disse ao poeta
Que Beatriz lhe pediu
Para proteger o amado
Logo assim que ele partiu
Porque na porta do inferno
Muito perigo ele viu

Esta palavra deu força
Naquele momento aflito
Ali naquelas paragens
Onde só se ouvia o grito
Das almas penalizadas
Acorrentadas ao granito

Os dois chegaram no reino
Onde só impera a dor
Não tem fim o sofrimento
De quem foi só pecador
As almas só soltam gritos
Naquele momento de horror

Bem na porta do inferno
Tinha uma inscrição:
As almas que aqui aportam
Jamais recebem perdão
As esperanças fenecem
Aqui não há remissão

Os poetas assombrados
Pararam para pensar
Pois na porta do inferno
Tiveram medo de entrar
Porque naquela inscrição
Precisavam meditar

Eles empalideceram
Tomados de grande horror
Porque lá o que eles viram
Foi só sofrimento e dor
As almas desesperadas
Esperando um salvador

Uma enorme multidão
Com uma triste bandeira
Ia passando sem rumo
Mergulhando na fogueira
Era o papa Celestino
Em uma grande carreira

Foi esse papa que um dia
Renunciou a cadeira
Ia na frente agitando
Sua enorme cabeleira
Apareceu um presidente
Que também fez tal besteira

Não se demorou Virgílio
Na entrada do inferno
Quando avistou três figuras
Sem gravata, mas de terno
Um gordinho e outro cego
E um de bigode moderno

Eles eram três ministros
De uma nação tropical
Que tinham enganado o povo
De uma maneira banal
Mas estavam no inferno
Purgando o seu grande mal

Mais abaixo vinham vindo
Umas fardadas figuras
Todas cheias de medalhas
Que lhes deram as ditaduras
Com as mãos cheias de sangue
Tirado das criaturas

Com um saco de dinheiro
Vinha um árabe na carreira
Atropelando assistentes
Em outros dando rasteira
Chegou perto do poeta
Tentou bater-lhe a carteira

Andando por uma ponte
Vinha um bicho vermelhão
Cabelos pegando fogo
Com uma cara de cão
Carregando todo o ouro
Daquela triste nação

Um outro grupo fardado
Todos de caras fechadas
Davam coices adoidados
Soltando grandes patadas
Voavam por todo o lado
Cabeças arrebentadas

Vinha em frente um gorilão
Que de velho estava mudo
Ameaçava a quem vinha
Perto dele com um escudo
Abraçando uma mulher
Que de feia tinha tudo

O poeta se afastou
Vendo aquela triste cena
Fronte banhada de suor
Sentindo uma grande pena
E, sem olhar para trás,
Entrou na barca serena

Um barqueiro bem barbudo
Remando como quem versa
Conduziu os dois poetas
Para a margem adversa
Onde ficava o limbo
Que era uma coisa diversa

Nesse vizinho lugar
Viviam as almas penadas
Que nasceram antes de Cristo
E não sendo batizadas
Iam boiando no limbo
Onde eram suas moradas

Ali passou certa vez
Um ser de grande poder
Livrando das sombras negras
Almas que queriam crer
Levando-as para o paraíso
Deixando assim de sofrer

Eram os grandes cientistas
Que tinham muitos pecados
Mas criaram tantas coisas
Tinham sido perdoados
Cristo se compadeceu
Os fez bem-aventurados

Os grandes vates também
Foram numa só figura
Levados daquele abismo
Pela mesma criatura
Pois suas almas sublimes
Atingiram aquela altura

Os heróis também tiveram
O privilégio tão raro
Porque Cristo resolveu
Conceder-lhes todo amparo
Os livrando do castigo
Para um destino mais claro

E seguiram conversando
Por aquela região
Até chegar num castelo
Pararam no seu portão
Olhando lá dentro viram
Uma grande multidão

Estavam nesse lugar
Grandes heróis da história
Enéas, Heitor, Saladino
Todos cobertos de glória
Purgaram lá seus pecados
Pagando suas vitórias

Encontrou também Cornélia
Aristóteles, Platão
Sócrates, crânio pensante
Que iluminou a nação
Todos traziam nos olhos
Muita paz e compreensão

Estas ilustres figuras
O vate deixou pra trás
Seguindo a sua jornada
Pois se julgava capaz
De penetrar nos segredos
Das regiões infernais

Deixando o primeiro círculo
Dante e Virgílio seguiram
Sempre escutando clamores
Dessa região partiram
Nisso apareceu um monstro
Quase aos poetas feriram

Esse monstro enraivecido
Aos dois poetas barrou
Impedindo que passassem
Na hora ninguém passou
Mas Virgílio fez um gesto
E logo ele se acalmou

Logo a fera ia indicando
Com o seu rabo escamado
As almas iam apartando
Cada qual para o seu lado
Sem ter pedido nem rogo
Cada corpo era ferrado

Neste lugar desolado
Onde espíritos clamavam
Dante encontrou seu tutor
Lado a lado caminhavam
Mas ninguém ficou sabendo
O que os dois combinavam

Assim logo iam baixando
Do inferno à profundeza
Mais terrível ia ficando
Mais áspera a natureza
Um vulto se aproximou
Não escondia a tristeza

Ali encontrou os vates
Amargando seu destino
Um ser muito conhecido
Que tinha perdido o tino
Pedro era o seu nome
Das Vinhas, desde menino

Contudo, Dante sabia
De quem ele se tratava
Tinha sido, quando em vida
Um político que agradava
Foi traído por amigos
E com sua vida findava

Porém, como era inocente
Daquela grande traição
Acabou se martirizando
Com a sua própria mão
Porque o enredo sofrido
Não tinha mais solução

Lá nem bem tinha parado
Quando ouviu enorme grito
Era um espírito em apuro
Correndo como um cabrito
Cercado por cães ferozes
Sem saída, estava frito

As árvores recebendo
Aquele golpe feroz
Falavam muito baixinho
Com sua sumida voz
Clamavam penalizadas
Suplicando ao seu algoz

Dante tão penalizado
Pegou os galhos do chão
E muito triste afastou-se
Dessa grande confusão
As lágrimas lhe caíam
Molhando todo o blusão

Foi quando ali o poeta
Começou a caminhada
Ouviu uma estranha voz
Ali naquela parada
Era o seu velho tutor
Que fazia ali morada

E cada vez que descia
Às entranhas infernais
Mais terríveis sofrimentos
Daquelas almas banais
Quando apareceu um monstro
De feições descomunais

Prove aqui tua coragem
Virgílio falou a Dante
Porque daqui para a frente
Nada vai ser como antes
Montemos neste dragão
E vamos mais adiante

Dante então criou coragem
Logo no monstro subiu
Que se inclinou para baixo
Do fundo infernal saiu
Assim desceram os poetas
Enquanto o monstro sumiu

E neste lugar profundo
Fervendo em mil caldeirões
Eram encontrados aqueles
Tão conhecidos ladrões
Banqueiros com agiotas
Entre outros figurões

Tanta gente conhecida
Que era um jamais acabar
Porém Dante notou que um
Não parava de acenar
Era um governador
Especialista em roubar

E como naquele poço
Tinha tanto trapaceiro
O poeta se afastou
Sem antes olhar primeiro
Para ver quantos ladrões
Caíam no fogareiro

Eram tantos os ladrões
Não pôde o vate contar
Alguns que assaltaram o povo
Peritos em enganar
Que só sabiam ligeiro
O tesouro esvaziar

Do fim do poço surgiu
Uma estranha procissão
Vestida de ouro pesado
De falsa composição
Chegaram lá os hipócritas
Sofrendo enorme pressão

Almas pareciam cansadas
Sob o peso sucumbiam
Daquela bizarra roupa
Que ouro e prata reluziam
Mas, por baixo ferro e chumbo
Que grande peso faziam

As almas pediam a Dante
Que desse uma explicação
Se ele não tinha morrido,
O que fazia ali então
Nas profundezas do inferno
Mergulhado em confusão?

E Dante lhes respondeu
Pois sempre foi educado:
Por uma graça divina
Até aqui fui chegado
Porém pretendo sair
Desse lugar azarado

Chegaram ao fim da viagem
Nos espaços infernais
Toda a sorte de sofrimento
Que não se lê nos jornais
Encontraram os dois poetas
E não se esquecerão jamais

Foi em uma sexta-feira
Que começou a viagem
Atravessando o inferno
Nosso ilustre personagem
Muitos perigos passou
Só enfrentando visagem

Ao chegar no Purgatório
A esperança iluminava
A cada alma sofrida
Que sua culpa pagava
Então havia alegria
E a coisa ali melhorava

Agora no Purgatório
Dante iria percorrer
Pelo braço de Virgílio
Nada ele tinha a temer
Pois o guia soberano
Tudo sabia fazer

Se lembre caro leitor
Da inscrição infernal:
Aqui morre a esperança
E todos pagam o seu mal
Mas aqui no Purgatório
O sofrimento era igual

Na frente o poeta viu
Duas almas torturadas
E tentou falar com elas
Que se chegaram caladas
Eram Paulo e Franciscana
Que morreram assassinadas

Sua história era a mais triste
De tudo que o vate ouviu
Ficando tão compungido
Que empalideceu, caiu
E quando voltou a si
Noutro círculo saiu

Punido era neste círculo
Aquele que foi guloso
E metido em lama suja
Num ambiente seboso
Padecia a triste sina
Que da gula teve gozo

Ali um grande cachorro
Guardava aquele lugar
Com cada garra afiada
Tudo tentava rasgar
Ai de quem passasse perto
Ou tentasse atravessar

Quando a fera foi chegando
Abrindo a enorme boca
Virgílio atirou-lhe terra
Deixando a fera mais louca
Os dois passaram ligeiro
Salvando-se em coisa pouca

Lá mais adiante encontraram
Uma rica fortaleza
E um monstro muito horroroso
Que sendo o deus da riqueza
Tentou parar os poetas
Mas desistiu da empresa

E chegaram ao quinto círculo
Onde pródigos e avarentos
Sofriam de toda forma
Os mais terríveis tormentos
Separados em dois grupos
Brigavam sem sentimentos

Preocupados no tempo
Que passava tão ligeiro
Iam em frente os poetas
Saindo desse atoleiro
Mas com as mãos nos ouvidos
Pra não ouvir o berreiro

Lá na frente eles toparam
Um lago de águas escuras
Onde as almas recebiam
Toda sorte de torturas
Aquelas que em suas vidas
Foram perversas figuras

Apareceu um espírito
Tentando a barca virar
Virgílio deu-lhe um empurrão
Mandou pra aquele lugar
E prosseguiram a jornada
Pois muito tinham que andar

Ao longe já se avistava
Dite, uma estranha cidade
Que os poetas deveriam
Com muita sagacidade
Atravessar com cuidado
Em grande velocidade

Os dois poetas tentaram
Rapidamente saltar
Porém logo descobriram
Que era inútil avançar
Pois com as portas fechadas
Ninguém podia passar

Grandes muralhas cercavam
Os edifícios vermelhos
O fogo cobria tudo
Parecendo com espelhos
Apareceram mil almas
Aos vates dando conselhos

Essas almas revoltadas
Por não poderem passar
Queriam parar Virgílio
Pois lá era o seu lugar
Dante estava apavorado
Só fazia lamentar

Nada temas, diz Virgílio
Ao querido companheiro
Eu não lhe abandonarei
Neste infernal fogareiro
Siga bem perto de mim
Saiamos daqui primeiro

Porém adiante encontraram
Uma terrível figura,
Medusa, que transformava
Em pedra uma criatura
Com seu cabelo de cobra
E com sua cara dura

O vate mais que depressa
Fechou os olhos com a mão
Porque se encarasse o monstro
Logo perdia a razão
E, se transformando em pedra
Ficava sem solução

E guiado por Virgílio
Dante pôs-se a caminhar
Saindo daquele abismo
Sem nem para trás olhar
Depois chegaram num lago
Que tinham que atravessar

E chegaram ao sexto círculo
Quase sem mais agüentar
Viram as almas violentas
Que gritavam a reclamar
Deitadas em leito de fogo
Para os seus pecados purgar

Lá os vates encontraram
Sofrendo enormes dores
Aqueles que em vida foram
Perversos torturadores
Alguns ainda fardados
Junto com os ditadores

Guardados por minotauros
Um triste caminho à frente
Surgiram estranhas árvores
Que eram de espinhos somente,
Passava um rio de sangue
Em borbulhante corrente

Mergulhado em lama negra
Almas tentavam escapar
Com duras flechas os monstros
Não cansavam de atirar
Iam atingindo aquelas
Que tentavam atravessar

Ao avistarem os poetas
Os monstros horripilantes
Ficaram tão agressivos
E de terríveis semblantes
Que Virgílio deu um grito
De efeitos paralisantes

Então eram tantas almas
Que ali estavam sofrendo
Todas em cova de pedra
E um rio de fogo ardendo
Passava abaixo dos túmulos
Deixando tudo fervendo

Andaram mais que depressa
Saindo do vale horrível
Deixando a cidade atrás
E aquela cena terrível
Seguiram em sua jornada
Até onde foi possível

No alto de uma colina
Que um minotauro guardava
Lá era o sétimo círculo
Ninguém por ali passava
Virgílio fez um sinal
E o monstro já se acalmava

Disse ao monstro: Parai logo,
Dizei-me qual a razão
De vossa presença aqui
Onde não há salvação
Virgílio disse sorrindo:
Estou cumprindo missão

Ao cruzar aquele rio
Sempre de perto seguido
Por aquele feio monstro
Naquele mundo perdido
O poeta florentino
Que ainda não tinha morrido

De novo a sós se encontraram
Num terrível matagal
Como aquele nunca visto
De árvore descomunal
Os poetas assustados
Ouviram um choro fatal

Dante quebrou logo um galho
Que começou a sangrar
Numa voz longe e sumida
Começou a lamentar:
Porque feres sem ter dó
Quem não pode reclamar?

As árvores eram gente
Que a morte conseguiu pôr
As almas dos suicidas
Que expiavam sua dor
Em árvores transformadas
Clamavam por salvador

Essas almas castigadas
Tinham resignação
Porque aflitas esperavam
De Deus receber perdão
Purgadas as suas culpas
Vinha logo a salvação

Quando rompeu a aurora
Era grande o esplendor
O céu claro alumiava
Tudo mudava de cor
Havia paz e harmonia
Aguardando o Salvador

Apareceu um velhinho
De barba muito comprida
Sua presença inspirava
Pois que tinha sido em vida
Um grande escritor romano
Na história teve guarida

E perguntou aos poetas
Como eles dois conseguiram
Das profundezas do inferno
E como de lá partiram
Jamais daqueles lugares
Algumas almas saíram

Nós cumprimos um mandato,
Disse Virgílio sorrindo
De uma senhora do céu
Que nos avisou pedindo
Que um de nós guiasse o outro
E assim fomos conseguindo

E mais adiante encontraram
Uma alma que cantava
Era um amigo de Dante
Que uma canção musicava
Para ouvir tão linda voz
Cada poeta ficava

Quando ouviram aquela voz
Que para os dois ordenava
Que seguissem sem demora
Porque o tempo caminhava
Os dois partiram depressa,
Enquanto a voz se calava

Um anjo estava sentado
Em um trono de cristal
Na sua frente existia
Um caramanchão real,
Virgílio ordenou a Dante
Que subisse o pedestal

Nesse momento solene
A porta começou a abrir
Os poetas seguiram em frente
O anjo ficou a sorrir
E sem olhar para trás
Eles começaram a subir

Em cima eles encontraram
As almas mais orgulhosas
Que lá carregavam pedras
Curvadas e pesarosas
Subindo bem devagar
As escarpas horrorosas

Eram as almas que outrora
Tinham tamanha vaidade
Que humilhavam sempre os outros
Impondo a sua vontade
Agora assim padeciam
Por falta de humanidade

Os dois subiram a ladeira
Para o círculo segundo
Dante com muita alegria
Perdeu o orgulho profundo
Sentindo que a sua alma
Não tinha o pecado imundo

Logo na frente encontraram
As almas mais invejosas
Tinham faces cadavéricas
Com feições tenebrosas
Os dois olhos costurados
E as pálpebras lacrimosas

Dante sentiu bem de leve
A asa de um anjo passando
Mais um pecado saindo
E toda a inveja cessando
Ficou muito aliviado
E a posição melhorando

Logo assim foram passando
Entre raivosas figuras
Mentirosos, avarentos,
Viciadas criaturas
Todos sofrendo castigos
Por suas faltas impuras

Ao pé de um monte chegaram
Impossível de galgar
Ficaram ali algum tempo
Para a altura estudar
Quando apareceram almas
Dispostas a ajudar

Indicaram uma vereda
Bastante escorregadia
Que deveriam seguir
Porém, com muita ousadia
Ou a ajuda das almas
Não teria serventia

Seguiram muito cansados
Para vencer a montanha
Empregaram tanta força
A canseira foi tamanha
Que de tão enfraquecidos
Caminhavam como aranha

E finalmente chegaram
Parando pra descansar
Tinham vencido o pior
Agora ia melhorar
Essa penosa jornada
Estava para acabar

Ali perto de uma rocha
Diversas almas dormiam
Vencidas pelo cansaço
Quase que não se buliam
Mergulhadas num torpor
Que nem os olhos abriam

Sem ter nenhuma vontade
As almas abriam a boca
Trabalho ali não havia
Alegria muito pouca
As almas apodreciam
Ficando com a voz rouca

A tarde estava morrendo
E os dois poetas cansados
Deitaram na relva úmida
Logo foram consolados
Por duas almas penadas
Que ficaram dos seus lados

Na porta do Purgatório
Para a purificação
Os dois poetas ficaram
Na mais completa exaustão
Permanecendo parados
Em busca de solução

Mas os pecados de Dante
Foram todos apagados
Agora ele se sentia
Muito mais aliviado
Pois o crime cometido
Tinha sido perdoado

Logo os bem-aventurados
Ao paraíso marcharam
Naquela jornada longa
Muitos perigos passaram
Mas suas almas sofridas
Muito se purificaram

Logo na frente o poeta
Viu de fogo uma barreira
E tomado de pavor
Pensou sair na carreira
Quando Virgílio lhe disse:
Vá, atravesse a fogueira

Para alcançar o paraíso
Inda tinha que passar
Nessa cortina de fogo
Que ameaçava queimar
O poeta amedrontado
Só pensava em recuar

A noite estava chegando
E o poeta decidiu
Marchou logo para o fogo
Do outro lado saiu
Só pensando em Beatriz
Nenhuma dor não sentiu

Pensando na sua amada
Mais esta prova passou
O poeta sorridente
Lá no paraíso entrou
Com o coração maneiro
Por Beatriz procurou

No outro lado ele viu
Bem no meio de um canteiro
Uma jovem que cantava
E logo partiu ligeiro
Para os braços da amada
O seu amor verdadeiro

Virgílio tinha partido
Deixando Dante sozinho
Sua companhia agora
Era saudade e carinho
E Dante com Beatriz
Ficaram ali num cantinho

Tão grande felicidade
Jamais ali ninguém viu
Dante com a sua amada
Finalmente ali se uniu
Vivendo esse grande amor
Por entre os astros sumiu

S-e nesta história contei
E-m versos descompassados
V-ão desculpando essas falhas
E-m meus versos apressados
R-imando todos os fatos
I-dos em tempos passados
N-a história deste mundo
O-utros não foram narrados.

FÁBULAS

SEVERINO JOSÉ

Fábulas
A cigarra e a formiga
(Esopo)

Aquele que trabalha
E guarda para o futuro
Quando chega o tempo ruim
Nunca fica no escuro

Durante todo o verão
A cigarra só cantava
Nem percebeu que ligeiro
O inverno já chegava
E quando abriu os olhos
A fome já lhe esperava

E com toda humildade
À casa da formiga foi ter
Pediu-lhe com voz sumida
Alguma coisa pra comer
Porque a sua situação
Estava dura de roer

A formiga então lhe disse
Com um arzinho sorridente
Se no verão só cantavas
Com sua voz estridente
Agora aproveitas o ritmo
E dance um samba bem quente.

A briga de galos
(La Fontaine)

Um país está lutando
Pra se livrar da opressão
Logo vem um amigo da onça
Querendo lhe dar a mão

Dois galos num só terreiro
Começaram uma questão
Todos dois querendo ter
A mais perfeita razão
Acabaram se estrepando
Dentro da maior confusão

O que vencido ficou
Abandonou o terreiro
Partindo para bem longe
Esvaziando o galinheiro
O outro subiu no telhado
Começando o seu berreiro

E lá de cima cantava
A sua empolgante ação
Mal percebeu que bem perto
Lhe olhava um gavião
Que desceu em vôo cego
E acabou com o valentão.

A descoberta do cavalo
(Fedro)

Ao escolher um aliado
Esta fábula já explica
Podes ao inimigo vencer
Mas escravo és tu quem fica

Ao ver um rude javali
Bebendo, um certo cavalo
Fingindo-se muito zangado
Começou a provocá-lo
E como não tinha coragem
Pediu para o homem matá-lo

Levando o homem nas costas
O cavalo criou coragem
Porque naquela situação
Agora levava vantagem
Acabou com o javali
Ali naquela ramagem

Quando ao voltar para casa
Pediu ao seu aliado forte
Que descesse da garupa
Pois o javali teve a morte
O homem lhe respondeu:
És meu meio de transporte.

O adivinho
(Esopo)

Ninguém pode adivinhar
O que vem pelo futuro
Somos como cegos andando
No mais perfeito escuro

Na praça um adivinho
Cercado de uma multidão
Ganhava seus trocadinhos
Do povinho lendo a mão
Quando olhou para sua casa
Viu um enorme clarão

Saiu correndo apressado
Para chamar o bombeiro
Porque todos os seus bens
Era um grande fogareiro
Quando apareceu uma velha
Falando-lhe em tom ligeiro

Se você é adivinho
Mostrando-lhe o braseiro
Por que não adivinhou
O seu destino primeiro
Agora passe-me para cá
O meu rico dinheiro.

O leão e o mosquito
(La Fontaine)

Ao inimigo não se deve
Sua força menosprezar
Porque mesmo o pequenino
Vence se sabe lutar

O poderoso leão
Descansava da labuta
Mas então surge um mosquito
Desafiando para a luta
Pois o inseto impertinente
Não respeita a força bruta

Voando sempre em volta
O mosquito atazanava
A vida do pobre leão
Que já não mais agüentava
Aquele zumbido irritante
Que o mosquito soltava

E o leão foi vencido
Naquela estranha façanha
O mosquito satisfeito
Não percebeu que a aranha
Lhe seguia bem de perto
Pra acabar com a sua manha.

O galo e a pérola
(Fedro)

Às vezes Deus distraído
Só para gozar com a gente
Dá muita bolacha doce
A quem já faltam os dentes

Estando o galo um dia
Ciscando no seu terreiro
Quando junto ao monturo
Soltou o maior berreiro
Por ter descoberto uma pérola
Que vale muito dinheiro

Como não podia comer
Ali mesmo seu tesouro
Ficou vermelho de raiva
E quase dava um estouro
Pois a pérola brilhante
Não lhe ia encher o couro

E disse contrariado
De que me serve este brilho
Ficava mais satisfeito
Se em vez de pérola, milho
Foi saindo pro quintal
Repetindo este estribilho.

O camelo e o cavalo
(Esopo)

É preciso que se diga
Para todos invejosos
Nem sempre quem é feliz
Tem os seus dias ditosos

O camelo tinha inveja
Do seu amigo cavalo
Pois via ele tão limpo
Com criado para tratá-lo
Enquanto o pobre camelo
Vivia sem um regalo

Por outro lado o camelo
Era feio e desengonçado
Ninguém ligava pra ele
Que vivia aperriado
Ruminando sua tristeza
Largado naquele lado

Eis que chega um certo dia
De muita guerra e aflição
Aparece um cavaleiro
Levando o cavalo então
Que foi encontrar a morte
No meio da confusão.

O prazer do avarento
(La Fontaine)

Há um provérbio que diz
Todos sabem de oitiva
Que o avarento ao dinheiro
Tem sua vida cativa

Um avarento chorava
A perda de seu tesouro
Que há muito amealhava
Sempre ouvindo desaforo
Com um choro mais sentido
Que mordida de besouro

Um vizinho solidário
Perguntou pra que queria
O avarento tanto dinheiro
Se ele jamais gastaria
O velho lhe respondeu
Para me dar alegria

O vizinho ponderou
Se o prazer era guardar
Tanto fazia o dinheiro
Ou outra coisa no lugar
Aconselhou o avarento
Pedras, então, juntar.

O lobo e o cordeiro
(Fedro)

A força bruta querendo
A todos engazupar
Se volta contra o inocente
Sem nenhum pretexto invocar

Vinha o lobo tão sedento
Beber água num regato
Vendo um cordeiro abaixo
Foi dizendo em desacato
Que o pobre cordeirinho
Estava sujando o seu prato

O carneiro falou tremendo
Com sua vozinha sumida
Que a água corria de cima
Impossível tal subida
Porém o lobo atrevido
Via no cordeiro a comida

Mas se você não sujou
De certo que foi seu pai
O lobo afiando os dentes
Em cima do cordeiro cai
Que de medo se entregou
Morrendo sem dizer um ai.

A estória de Robinson Crusoé

Vou contar uma história
Que comigo se passou
Aconteceu há muito tempo
Mas o vento não levou
Como tenho boa memória
Lembro-me como começou

Eu vim parar no Brasil
Terra de muito futuro
Assim que logo cheguei
Sempre dando o maior duro
Acumulei uma fortuna
Pois não dormi no escuro

Eu tinha uma plantação
De fumo, algodão e mandioca
Comi pirão com farinha
E beiju de tapioca
Me cansei daquela vida
Porque não sou carioca

Resolvi ir para a África
Só para negociar
Queria aumentar a riqueza
Pois não podia esperar
Nem sabia que viria
O navio a naufragar

Mas antes de começar
Minha grande aventura
Eu tive infância feliz
Mas o que é bom pouco dura
Sempre tive opinião
Levando vida segura

Minha mãe sempre dizia
Quando me dava um conselho
Meu filho leve uma vida
Bem mais limpa que um espelho
Que o destino é cruel
Não coma gato por coelho

Como ainda não falei
De onde sou natural
Eu nasci na Inglaterra
Um país muito legal
Que era naquele tempo
Uma potência naval

Da minha família era eu
O terceiro na idade
O mais velho militar
Não teve felicidade
O do meio desapareceu
Em grande calamidade

O meu pai era um bravo
De origem alemã
Minha mãe era pequena
Mas não chegava a anã
Eu nasci muito forte
Numa radiosa manhã

Deixando agora de lado
Minha pequena família
Vou continuar a história
Sem mais nenhuma arrelia
Para o leitor concluir
Que não tive a vida vazia

Ao passar na minha cidade
Um amigo encontrei
Ele disse: meu querido
Agora chegou sua vez
Vamos conhecer o mundo
Eu disse: não tem talvez

Eu tinha dezenove anos
E muita convicção
Era um rapaz despachado
Tomei logo uma decisão
E com meu amigo de lado
Entrei na embarcação

E como um passarinho
Que deixou a asa crescer
Sem me despedir de ninguém
Antes do dia nascer
Eu já estava bem longe
Não tinha tempo a perder

Logo que saí do porto
Uma tempestade surgiu
As ondas varriam o navio
Quase que o barco sumiu
Tinha um medo desgramado
Mas minha sorte sorriu

Nesta primeira viagem
Não pude queixar da sorte
Trouxe ouro à vontade
Que deu pra pagar o transporte
Mas na segunda porém
Quase encontrei a morte

Caímos prisioneiros
Dos desalmados piratas
Passamos anos cativos
Sofrendo que nem baratas
Mas conseguimos safar
Embarcando em uma chata

Um navio português
Nos levou para o Brasil
Aqui como já disse
Trabalhei por mais de mil
E no fim de algum tempo
Enchi de ouro um cantil

Depois de alguns anos
Quando resolvi negociar
Lotei de bagulhos um navio
E fui pra África tentar
Aumentar minha riqueza
E pra minha pátria voltar

Foi aí que me dei mal
Não podia adivinhar
Que o navio já era velho
Não podia navegar
E levado pelas ondas
Ameaçou naufragar

Parece que foi castigo
Eu tava querendo enganar
A população africana
Levando brinco e colar
Coisa de pouco valor
Somente pra engambelar

O vendaval durou pouco
O bastante para quebrar
O mastro do meu navio
Que começou a afundar
E com todas as bugigangas
Foi para o fundo do mar

E quando eu vi que a coisa
Ia mesmo complicar
Eu pulei dentro dum barco
E comecei a remar
Em busca de um abrigo
Só pensando em me salvar

Veio uma onda bem forte
E o meu barco afundou
Comecei a nadar pra terra
Meu instinto funcionou
E mais cansado que a morte
Meu corpo na areia quedou

E devido à minha sorte
Na praia fui atirado
De uma ilha deserta
Onde fiquei espantado
Quase não acreditei
No que tinha se passado

Senti a areia no pé
Pude então respirar
Eu estava são e salvo
Felizmente sabia nadar
Senão o meu corpo sofrido
Acabava no fundo do mar

Quando vi que meus amigos
Tinham encontrado a morte
Foi grande a minha tristeza
E maior a minha sorte
Agora estava sozinho
Sem tutu e sem transporte

Depois de olhar o navio
E vendo a desolação
O barco preso nas pedras
Pelo terrível furacão
Fiquei pensando em sair
Daquela triste situação

E logo pensei que ali
Houvesse muito animal
Pois quando me descuidasse
Acabava passando mal
E salvar a minha pele
Era coisa natural

Procurei um pé de pau
Para dormir sossegado
Porque se ficasse no chão
Podia ser atacado
Ou por um bicho selvagem
Ou por um índio malvado

Ao acordar de manhã
Olhando pra todo lado
Vi que o mar sossegou
Estava tudo parado
E que o navio nas pedras
Permanecia emborcado

E com a fome que eu estava
Logo pensei em comer
Subi no barco ligeiro
E fui na cozinha bater
E encontrando a comida
Deixei de fome sofrer

Construí uma jangada
E enchi de provisões
Biscoitos e carne salgada
E pólvora para canhões
Não me esqueci de levar
Os gostosos bolachões

Minha grande preocupação
Era procurar uma toca
Ou mesmo com alguma sorte
Construir uma maloca
Porque senti que agora
Torcia o rabo a porca

Dei num bonito lugar
Em perfeita condição
Ergui com esforço inaudito
Uma bela fortificação
Assim ficava seguro
Se aparecesse um ladrão

Minha casa parecia
Uma estranha fortaleza
Bem em cima de um monte
De longe era uma beleza
Agora dormia seguro
Isso eu tinha certeza

No outro dia bem cedo
Eu comecei a caçar
Notei que bem perto dali
Havia cabras a pastar
Dei-lhe um tiro certeiro
E ela nem saiu do lugar

Comida não me faltava
Porque havia de sobra
Mas meu medo aumentava
Vivia fugindo de cobra
Até que um dia decidi
E comecei nova obra

Somente quando se está só
Sentimos a falta que tem
As coisas sem importância
Que não incomodam ninguém
Naquela ilha sozinho
Sem conversar com alguém

Para as minhas necessidades
Eu tinha que inventar
Desde uma agulha de linha
E o fio pra remendar
As minhas roupas estragadas
Sem sabão para lavar

Até mesmo um calendário
Só para me orientar
Eu tive com paciência
Um jeito de improvisar
Ia marcando os dias
Num tronco de jatobá

Tratei de fazer uma roça
Com sementes que havia
Para garantir o meu pão
Porque dali não saía
Não passava um navio
Vivia sem companhia

Minha sorte que achei
Arroz, milho e cevada
A terra era muito boa
E a roça bem tratada
Com o passar do tempo
Quase não faltava nada

Assim passei um ano
Com medo de adoecer
Pois na ilha não havia
Ninguém pra me socorrer
Como eu era muito jovem
O corpo não me fez sofrer

Descobri com muita sorte
Um magnífico lugar
Com muitas uvas maduras
Prontinhas para chupar
Além de melões suculentos
E frutas pra variar

Comecei a gostar da ilha
Curtindo minha solidão
Longe de qualquer barulho
Sem obedecer a patrão
Até que estava gostosa
A vida naquele sertão

Arranjei um papagaio
E lhe ensinei a falar
Assim passava meu tempo
Com ele a conversar
E minha vida seguia
Sem pressa para passar

Aprendi a fazer potes
Com o barro que ali havia
E com o maior cuidado
Montei minha cozinha
Minha casa ficou linda
De meter inveja à vizinha

Resolvi fazer uma canoa
Para poder navegar
Derrubei um pé de pau
Que pensei ser jatobá
Ficou um barco bonito
Prontinho pra velejar

Um dia tive uma surpresa
O coração bateu sem parar
Encontrei na praia deserta
Sinais de alguém a andar
Deixando na areia molhada
Pegadas de arrepiar

O meu susto foi enorme
Eu estava sem saída
Encontrei ali bem perto
Algum resto de comida
Talvez de algum selvagem
No lugar tinha guarida

Vi logo que as pegadas
Ali naquele lugar
Podiam ser de um homem
Que veio de naufragar
E agora meu sossego
Acabava de findar

Pensei que a criatura
Fosse um índio comilão
Que traçava toda gente
Picadinho com pirão
Senti que tinha perdido
Toda minha solidão

Bem perto dali encontrei
Sinais de uma fogueira
Com restos de alimentos
E os ossos de uma caveira
Um frio correu-me a espinha
Estava sem eira nem beira

Tratei de me prevenir
Porque não estava sozinho
Agora eu tinha na ilha
Como selvagem um vizinho
Tinha que andar atento
Ou virava picadinho

Um dia estava na praia
Vi chegar uma embarcação
Que vinha cheia de índios
De mais horrível feição
Trazendo um prisioneiro
Que era sua refeição

Aí o preso soltou-se
Correu em minha direção
Dois selvagens vinham correndo
Trazendo um arco na mão
Dei-lhe um tiro bem certeiro
Que os dois rolaram no chão

O índio que ia ser morto
Apertou a minha mão
E eu não estava mais só
Tinha arranjado um irmão
E sair daquela ilha
Era a nossa salvação

Foi numa sexta-feira
Que o índio apareceu
Por isso dei este nome
E ele me agradeceu
Tornando-se meu amigo
E sempre me obedeceu

Sexta-feira era bem forte
Me foi de grande valia
Ensinei-lhe muitas coisas
Naquela ilha vazia
Mais tarde nós vamos ver
Como termina a folia

A partir daquele dia
Minha solidão melhorou
Arranjei um companheiro
Que estava a meu favor
Para enfrentar os selvagens
Que nos causavam pavor

Aumentou minha esperança
De voltar à civilização
Agora tinha um amigo
Que podia me dar a mão
E que conhecia perfeito
Toda aquela região

Construímos uma jangada
E saímos daquele lugar
Eu voltei pra minha terra
E deixei de me aventurar
Escrevendo esta estória
Para todos agradar

S-ervindo a toda gente
E-scolhi o meu lugar
V-elho eu logo me encontrei
E não tenho mais que mostrar
R-eunir nestes versinhos
I-nvenção bem singular
N-arrando minha aventura
O-uvindo as ondas do mar

SEVERINO JOSÉ
(Autor)

Xilogravuras - JOTABARROS

CAMPANHA DE PREVENÇÃO DE ACIDENTES DO TRABALHO
SINDICATO DOS TRABALHADORES NAS INDÚSTRIAS
DA CONSTRUÇÃO CIVIL DE SÃO PAULO

Acidentes no trabalho no ramo da construção

Minha musa trovadoresca
Dai-me grande inspiração
Para versar este cordel
Que trata da proteção
Daqueles que trabalham
No ramo da construção

Os acidentes aumentam
Dentro do nosso setor
Muitas vítimas causando
Entre o bom trabalhador
É hora de dizer basta
Chega de tanto horror

Com versos de Severino
Por J. Barros ilustrados
Que são cabras nordestinos
E conhecem dos tratados
Os versos aqui presentes
Devem ser lidos e guardados

Se você é um operário
No ramo da construção
Leia este meu folheto
E diga para o seu patrão:
Eu quero mais segurança
Quando estiver em ação

Se for um prédio bem alto
A lei obriga a fazer
De três em três andares
Uma bandeja para ter
Proteção a quem trabalha
Se o equilíbrio perder

Todo mundo deve lembrar
Como sempre isso ocorre
A queda de um operário
Mesmo sem estar de porre
Fica tonto nos andaimes
Sem o cinto cai e morre

A queda de um andaime
Quase sempre causa a morte
É mais um filho sem pai
Mais uma viúva sem sorte
Você exija do seu patrão
Faça um andaime bem forte

Sempre com toda firmeza
Peça logo ao seu patrão
Para que ele lhe forneça
Equipamentos de proteção
É fato previsto em lei
Não permita enrolação

Uma boa alimentação
Também é muito importante
Obedecer aos descansos
É coisa bem interessante
Para que não dê tonturas
No mestre ou no ajudante

Todo local de trabalho
Sempre limpo deve estar
A tarefa assim cumprida
A todos vai agradar
Evita-se os acidentes
Todo mundo vai lucrar

O patrão é o responsável
Pelo local de trabalho
Uma faxina bem feita
Sempre vai quebrar o galho
O operário com segurança
Só tem que descer o malho

Forneça os equipamentos
Porque você é obrigado
Proteja seus empregados
Deixe de ser um folgado
Com cintos, óculos e botas
Todos estarão segurados

Sem segurança sua obra
Pode ser interditada
Além do grande prejuízo
Receberá multa pesada
Ponha as coisas nos lugares
Isso não lhe vai custar nada

É de grande necessidade
Fazer um escoramento
Quando se cava um buraco
Isto evita soterramento
Fincando as madeiras ao redor
Para a terra ter sustento

A terra quando desliza
Em cima de quem trabalha
Se transforma em sua cova
E torna sua mortalha
Quando cavar uma vala
Vê se a coisa não falha

Com o elevador de serviço
Que causa acidente fatal
Deverá ser bem fechado
Para evitar algo de mal
Pois se cai um operário
O caso se torna mortal

Os perigos para os olhos
Estão em todo lugar
Não se esqueça da máscara
Na hora que for soldar
Ou você corre o risco
De para sempre cegar

Use óculos no trabalho
Para sua vista proteger
Uma faísca de metal
E você fica sem ver
Coitado de quem é cego
Como é duro o seu viver

Para ficar de cuca fresca
Na hora de trabalhar
Tenha sempre o capacete
No seu devido lugar
Ou um galo na cabeça
Você vai ouvir cantar

O cinto de segurança
Mantém você pendurado
Caso falhe o equilíbrio
Você está bem segurado
Sua vida estará salva
Não vai morrer esmagado

O cinto de segurança
É de uso obrigatório
Em tarefas perigosas
Pra proteger o operário
O patrão fornecerá
Este útil acessório

Se você não usa a luva
Quando for trabalhar
É quase certo que um dia
Você vai se machucar
Pode comprar iodo e gaze
Pra você se medicar

Manter-se em toda firma
Uma CIPA funcionando
Com patrões e empregados
Todo mundo cooperando
Diminui-se os acidentes
E todos saem ganhando

O trabalhador cipeiro
Corrige as irregularidades
O seu prestígio na firma
Aumenta-lhe a responsabilidade
E adquire no emprego
A desejada estabilidade

Nesta grande campanha
Para se evitar acidentes
O patrão também responde
Não pode ficar indiferente
Fornecerá equipamentos
Para proteger nossa gente

Aqui no nosso Sindicato
Funciona um departamento
De prevenção de acidentes
Que agindo legalmente
Enquandrando aquelas firmas
Que nem sempre são decentes

S-alve o nosso Sindicato
E todos associados
V-amos todo mundo junto
E-mpreender no presente
R-esultando um futuro
I-nda mais eficiente
N-o ramo da construção
O-rgulho de nossa gente.

AUTOR: SEVERINO JOSÉ

ABC do Direito do Trabalho
e
Como Anda um Processo
na Justiça do Trabalho

ZACARIAS

ABC do direito do trabalhador
Agora meu caro amigo
Preste bem sua atenção
Vamos tratar de um assunto
Que interessa ao cidadão
Dos seus direitos sagrados
Em relação ao patrão

Conhecer estes direitos
Não é só obrigação
Do operário consciente
Como também do patrão
Assim se anda direito
E se evita a confusão

Tudo se torna mais fácil
Para aquele que conhece
De férias e aviso prévio
Benefícios e INSS
Enfim, do que diz a lei
Do que o operário merece

Todas as Leis do Trabalho
É preciso conhecer
Basta um pouco de atenção
E vontade de aprender
Pra você ficar por dentro
Do direito que vai ter

Por isto neste folheto
Sem nenhuma pretensão
Encontra o trabalhador
A primeira informação
Da Lei que em nosso país
Regulamenta a questão.

O trabalho
O trabalho é uma coisa
Todo mundo sabe o que é
Trabalha homem e menino
Trabalha também a mulher
O trabalho enobrece
E põe a nação de pé

Ao construir uma casa
Um tijolo ou uma panela
O homem está trabalhando
Não existe coisa mais bela
Está criando riquezas
Tornando a vida singela

Quando se amassa o barro
O trigo pra fazer o pão
O homem põe seu esforço
Em tudo que bota a mão
Vai construindo as coisas
Que engrandecem a nação.

O contrato de trabalho
É lei pro trabalhador
No ato da admissão
Assinar logo um contrato
Com seu futuro patrão
Dando-lhe sua carteira
Pra fazer a anotação

A partir deste momento
Está empregado o operário
Recebe seu uniforme
Obedece a certo horário
E no fim de algum tempo
Recebe o primeiro salário

Este contrato assinado
Junto com o seu patrão
Lhe cria muitos deveres
E também a obrigação
Dele nasce o seu direito
Não pode haver confusão.

Jornada de trabalho
Antigamente era comum
Trabalhar-se todo o dia
Antes de nascer o sol
Já se ia pra porfia
E as máquinas só paravam
Quando o sol desaparecia

Trabalhava todo mundo
Homem, mulher e criança
Até o limite das forças
. Sem mesmo haver esperança
Mas com o progresso do mundo
Isto acabou sem tardança

E o mundo todo aceitou
Foi o dia dividido
Oito horas de trabalho
Oito para o descanso havido
E oito horas para o lazer
Foi o dia repartido

A nossa lei garante
Não pode haver discussão
Mas em casos especiais
Pode haver prorrogação
De duas horas diárias
Aumentando a duração

Se horas extraordinárias
São trabalhadas ao final
O adicional a ser pago
Integra o salário mensal
Em caso de despedida
. Cabe indenização total.

Salários
O salário é quanto recebe
O trabalhador no final
Pela jornada de trabalho
Que lhe exige esforço total
O salário é para o operário
A coisa mais principal

Para todos empregados
Seja químico ou tecelão
O salário todo ano
Sofre alguma majoração
Os sindicatos reivindicam
Sempre a melhor condição

Para se ficar por dentro
É bom atentar este fato
Freqüentar as assembléias
Do seu próprio Sindicato
Para saber os aumentos
E quanto lhe cabe de fato.

Adicionais
Se o trabalho for exigido
Em ambiente prejudicial
Que acaba com a saúde
De quase todo pessoal
A firma é obrigada
A pagar o adicional

Vimos que as horas extras
Que ultrapassam o normal
São pagas com um acréscimo
Isto é coisa natural
Assim o trabalho perigoso
Que às vezes se torna fatal

Se o operário é transferido
Para longe do seu lar
E muita condução tomando
Com a mudança de lugar
Adicional de transferência
A firma vai lhe pagar

Todos estes adicionais
O salário aumentarão
E em caso de despedida
A lei obriga o patrão
Indenizar o trabalhador
Pagando tostão por tostão.

Repouso semanal remunerado
O descanso semanal
É um direito sagrado
Desde que o mundo é mundo
No domingo se fica parado
Trabalhar é proibido
Pela Lei do nosso Estado

Por medida de higiene
Todo mundo obedece
Se não se der tal parada
Logo o seu corpo padece
A fábrica fica fechada
E lá ninguém aparece

Todos nós estamos sujeitos
A oito horas de trabalho
Oito horas de descanso
E chega de tanto malho
Ficando as oito restantes
Pra se ir quebrando o galho

Os feriados também
E os dias santificados
As fábricas ficam paradas
E os operários folgados
Por conta do seu patrão
Esses dias remunerados

Se por uma necessidade
Destas que não se pode evitar
Vem o operário aos domingos
Ou feriados a trabalhar
Em dobro o empregador
Por lei é obrigado a pagar.

Férias

Mas o homem que trabalha
Muito tempo sem parar
Acaba ficando doente
E no hospital vai baixar
Por isso depois de um ano
As férias tem que gozar

Este direito se conquista
Aos doze meses de malho
Ficando-se trinta dias
Sem ver falar de trabalho
Assim ele se recupera
E não vai cair do galho

Para ganhar trinta dias
Mesmo sem trabalhar
O operário ao serviço
Não pode nunca faltar
Se faltar mais de seis dias
Nas férias se vai descontar

No caso de despedida
Sem que haja explicação
Cabe férias proporcionais
Cujo tempo e duração
Depende dos meses trabalhados
Obedecendo a proporção

As férias serão concedidas
Devendo o patrão avisar
Depois de doze meses
Que é para o operário gozar
Passando dos 24 meses
Em dobro ele vai pagar.

Advertência e suspensão
Na jornada de trabalho
O operário sem atenção
Faz alguma brincadeira
Sem hora e ocasião
Podendo sofrer por isso
Advertência e suspensão

Quando a falta for leve
Coisa de pouca valia
O patrão se conforma
Para não criar arrelia
Apenas adverte o culpado
Deixando de lado a folia

Mas se a falta do operário
Vem a causar confusão
Aí o patrão não tem jeito
Lhe aplica a suspensão
Deixando o culpado no gancho
Sem pagar remuneração

Por outro lado o patrão
Não pode tratar o empregado
Como se ele fosse um escravo
Ou qualquer um agregado
Devendo obedecer a lei
Podendo ser enquadrado.

Aviso prévio
Quando o empregador
Sem motivo dispensar
O operário de sua empresa
A este deve avisar
Com trinta dias de prazo
Para outro emprego arranjar

Desta forma o operário
Ganha duas horas por dia
Para procurar novo emprego
Parado ele não tem serventia
Começando outro contato
Agora em outra companhia

Mas se por acaso o patrão
Não lhe der o pré-aviso
Mandar embora sem mais
Ele vai ter prejuízo
Terá que pagar um mês
Mesmo que seja em juízo

Quem recebe por quinzena
Trinta dias ganha então
Aquele que por semana
Recebe sua remuneração
Vem a receber oito dias
Em caso de demissão

Ocorrendo a "justa causa"
Pode mesmo o empregador
Mandar embora o operário
Sem ao menos pedir favor
Não lhe dar aviso prévio
E nem voto de louvor

Se o empregado também
Na firma não quer trabalhar
Deve dar ao seu patrão
Aviso para ele arranjar
Outro empregado carente
Para pôr no seu lugar

Se o operário distraído
Não avisar o patrão
Que deseja ir embora
E não lhe der aviso então
Este pode até ficar
Com o salário em sua mão

Indenização

Depois de um ano de malho
Em caso de ser despedido
Sem que haja falta grave
É bom que seja entendido
Recebe um mês de salário
Pelo tempo compreendido

Se trabalhou mais de um ano
Dois, três, quatro até dez
Cada ano trabalhado
Ele recebe mais um mês
Depois do décimo ano
É em dobro por sua vez

A indenização que recebe
Sempre é ela calculada
Pelo salário percebido
Sem haver desconto nem nada
Devendo constar do recibo
A parcela especificada

Depois do décimo ano
Ele tem estabilidade
No seu emprego trabalha
Com muita tranqüilidade
Sabendo que agora o patrão
Não lhe pode fazer maldade

Mas se o empregador
Não levar em consideração
E dispensar o empregado
Sem lhe pagar indenização
Acaba pagando em dobro
Pois vai perder a questão

A indenização só existe
É bom a gente frisar
Para aquele que trabalha
Sem falta grave praticar
Mas se cometer "justa causa"
Na rua ele vai ficar.

Fundo de garantia
O Fundo de Garantia
Em 67 estabelecido
Modificou o esquema
Do que estava resolvido
Introduzindo novidades
Para todo direito havido

Agora o patrão deposita
Mesmo por antecipação
Numa conta vinculada
Em nome do cidadão
Que no caso de despedida
Vai levantar o quinhão

Os depósitos são feitos
Numa conta em separado
Cada operário tem a sua
Mês a mês depositado
E quando ele é dispensado
O depósito é levantado

Mas se o operário comete
Falta grave em serviço
Ele é mandado embora
Tomando o chá de sumiço
E nenhuma indenização
Ele vai receber por isso

Sem o Fundo de Garantia
Não se tem estabilidade
Trabalha sempre o operário
Sem nenhuma tranqüilidade
Aumentando a insegurança
Na nossa grande cidade

Em casos excepcionais
Pode haver levantamento
Do Fundo depositado
Em caso de falecimento
E também para a casa própria
Ou para enfrentar casamento

Nesses casos o operário
Apresentará a papelada
Andando de lá pra cá
Agüentando toda maçada
Mas no fim de algum tempo
Vai pôr a mão na bolada

Quando está desempregado
Ele pode levantar
Parte do seu depósito
Para a dureza enfrentar
Mas tem muito documento
Que ele vai ter que juntar

Depois de trinta e cinco anos
De muita luta e porfia
Quando chegar o tempo
De requerer a aposentadoria
O operário vai ao banco
E levanta toda a quantia

Aqui termino este folheto
Que é apenas um ABC
Mas se o operário quiser
Toda a Lei compreender
Vá freqüentar no Sindicato
Um curso para aprender

S-alve nossa federação
E todos os filiados
V-amos todo mundo junto
E-mpreender no presente
R-esultando um futuro
I-nda mais eficiente
N-o ramo da borracha
O-rgulho de nossa gente.

**Aids, doença da gota serena,
que mata o cabra sem ter pena**

Minha musa trovadoresca
Dai-me grande inspiração
Para versar este folheto
Dedicando a esta nação
Alertando dos perigos
Que atingem o cidadão

Os acidentes aumentam
Sejam em qualquer setor
Muitas vítimas causando
Entre o bom trabalhador
Agora surge a tal Aids
Trazendo o maior horror

Já não chega as doenças
A fome, a dor, privação
Quando chega o nordestino
Em busca de profissão
A Aids está lhe esperando
Para lhe abrir o caixão

No Rio como em São Paulo
No ramo da construção
Tem surgido muitos casos
Aumentando a confusão
Tem nego pegando o vírus
Que já matou um montão

Vou cantar neste cordel
Para dar uma explicação
De como age o tal vírus
Que ataca o cidadão
Acabando com a vida
Sem deixar apelação

O vírus é um bichinho
Invisível ao olho humano
Que penetra no seu corpo
Causando terrível dano
Se for de Aids então
A vida se vai pelo cano

O vírus sempre existiu
No sangue de um macaco
Que passou para o homem
Transformando-o num caco
E se o infeliz pega ele
Logo vai para o buraco

A gripe também é vírus
Já não causa tanto estrago
Basta tomar um chazinho
Sem açúcar e bem amargo
O cabra fica bonzinho
Logo no primeiro trago

A Aids é doença nova
E quase sempre mortal
Está se espalhando muito
Fazendo um estrago geral
É bem pior que a peste
E a gota serena fatal

O vírus entra no sangue
Atacando sem piedade
A defesa do organismo
Com a maior crueldade
Deixando o cabra mofino
Não respeitando a idade

O organismo sem defesa
É pasto de infecção
Qualquer doença atacando
Acaba com o cidadão
Depois que ela aparece
O caso não tem solução

Surgem os primeiros sinais
Uma moleza danada
O corpo vai ficando seco
Febre e tosse alongada
Suor e dor de garganta
A pele fica arroxeada

Sem falar em caganeira
Falta de ar, sapinho
Que aparece na boca
Doendo mais que espinho
E ao cabo de seis meses
Leva pra cova o bichinho

Quando o doente descobre
Que o vírus penetrou
Corre ao médico apavorado
Aí começa o horror
Fica sabendo que agora
Já não tem mais salvador

Agora nós vamos ver
Como o vírus se espalha
E como a doença terrível
Se torna sua mortalha
Para quem não se previne
Isto é coisa que não falha

No começo só atacava
Os conhecidos "viados"
Indivíduos rebolantes
E também os viciados
Com o relaxar dos costumes
Estamos todos ameaçados

A doença se espalha
A partir da transfusão
De sangue contaminado
Mesmo que seja de irmão
Tomar sangue é perigoso
É andar na contramão

As mulheres atingidas
Que vivem de "bolsa na mão"
Acabam contaminadas
Espalhando em profusão
O vírus que está matando
Tome cuidado meu irmão

O pior são as crianças
Mal acabam de nascer
Já trazem no seu corpinho
O vírus que vai fazer
Mais um daqueles anjinhos
Que nem chegam a crescer

A Aids ataca a todos
Seja homem ou menino
Preste bem sua atenção
Não vá cometer desatino
Por isto tome cuidado
Pra não ficar sem destino

Já existe muita gente
Portadora deste mal
Que não existe remédio
Pra esta doença fatal
Somente se prevenindo
De uma forma natural

Por isso fiz o folheto
Sem nenhuma pretensão
Para dar a todo mundo
Idéias de prevenção
De como evitar a doença
Aumentando a proteção

A forma que é mais comum
De se ter a contaminação
É pela relação sexual
Na hora da afobação
O nego não toma cuidado
E entra pela tubulação

A camisinha protege
Não deixa o vírus passar
É como todos se livram
Escolhendo com quem transar
Se não tomar tal cuidado
Na terra você pode baixar

Nas construções aparecem
Uns "viados" oferecidos
São portadores de Aids
Por todos já conhecidos
E transar com estas bichas
É praticar suicídio

Aids que não tem cura
Não tem também coração
Se transmite pelo sangue
Quando se faz transfusão
E por agulhas infectadas
Quando se toma injeção

É preciso tomar cuidado
Ao se tomar injeção
Exija do enfermeiro
Higiene e desinfecção
Só deixe furar seu braço
Se houver tal proteção

As agulhas e seringas
Devem estar esterilizadas
Mesmo indo ao dentista
Para se evitar a maçada
Exija ser bem fervida
A ferramenta utilizada

Escova de dente e navalha
Gillete, tesoura de dedo
Só use se for bem limpa
Senão você morre de medo
Porque se for de um doente
Você se acaba mais cedo

E para finalizar dizemos
Só está bem protegido
Aquele que abre os olhos
E fica bem prevenido
Se afastando de todo mal
Para não ser atingido

S-alve todo cidadão
E-sclarecido e informado
V-amos enfrentar o mal
E-sta peste estuporada
R-ecordando os conselhos
I-nda agora que foi dado
N-aturalmente a você
O-rgulho de nosso estado.

Homenagem a Raymond Cantel

Oh! Musa trovadoresca
Me ajude a pôr no papel
A vida de um grande homem
Que foi Raymond Cantel
Na Europa, França e Bahia
A divulgar o cordel

Ele nasceu na França
Terra que ilumina o mundo
Sendo professor emérito
Ensinou a Pedro e Raimundo
E na literatura popular
Foi primeiro sem segundo

Folclorista renomado
Conheceu os trovadores
Amigo de cordelistas
Repentistas e versadores
Raymond Cantel foi o primeiro
A destacar seus valores

Visitou diversas vezes
O Nordeste brasileiro
Fez contato com poetas
Prestigiou violeiros
Conhecendo o nosso povo
E seu modo hospitaleiro

Em tudo o que era banca
Do mercado São José
Raymond Cantel anotava
Estudava com muita fé
Os poetas mais ilustres
Que aí punham seu pé

Em Salvador condecorado
Por Rodolfo Cavalcante
Que da Ordem Brasileira
Era o seu presidente
Com o título honorífico
De Embaixador Itinerante

Muitos títulos obteve
Em sua vida acadêmica
Defendendo muitas teses
Sempre com competência
Ocupando uma cadeira
Da mais difícil ciência

Na Escola Superior
Da Sorbonne afamada
Dava aulas a seus alunos
Numa sala apinhada
À gente que vinha de longe
Para ouvir maravilhada

Muitos livros escreveu
Desempenhou seu papel
Mas foi com literatura
Conhecida por cordel
Que encontrou a sua glória
De poeta e menestrel

Ninguém no mundo igualou
O seu amor pela literatura
Em tudo o que escreveu
Fez muito boa figura
Espalhando pelo mundo
A nossa querida cultura

Estudou nossos poetas
Leandro, Maxado e Severino
Almeida, Cordeiro Manso
J. Barros e Minervino
E todos os cordelistas
Do maior ao pequenino

Raymond Cantel foi o mestre
Que a todos estudou
E com o maior critério
A todos catalogou
Reconhecendo os melhores
A nenhum negou valor

Portanto convém que fale
Desse amigo genuíno
Admirador de belas trovas
Desde o tempo de menino
Embora sendo francês
Tinha o gosto nordestino

Em seus diversos ensaios
Sempre valorizou o cordel
Dava aulas magistrais
Desempenhou seu papel
Era muito bem amado
Do diretor ao bedel

Ao defender o folclore
Muita batalha enfrentou
Da cultura popular
Foi seu grande propulsor
Mostrando pra todo mundo
Que o cordel tem valor

Ganhou diversas medalhas
Entre os seus competidores
Venceu gente famosa
Inclusive professores
Era tido como um mestre
Coroado de louvores

Não foi somente ao cordel
Que ele dava atenção
Divulgou a xilogravura
Em tudo o que era nação
Por isso todos os poetas
Sempre lhe pediam a bênção

Para o ilustre professor
Não existia preconceito
Para ele gente erudita
Ou um poeta sem jeito
Tinha sempre seu valor
Merecia o seu respeito

Raymond Cantel na Sorbonne
Era sacerdote no templo
Pregando nossa cultura
Serviu dando o exemplo
Gente dessa qualidade
Há muito eu não contemplo

Em território francês
Está sendo difundida
A literatura popular
Agora mais conhecida
Graças ao ilustre mestre
O cordel ganhou mais vida

Quem sente que o cordel
Deve ser valorizado
Separe o joio do trigo
Dê um passo ao nosso lado
Faça como Raymond Cantel
E sempre será lembrado

Só faz assim quem merece
Receber o nosso aprovo
Os poetas cordelistas
Desde o velho até o mais novo
Parabenizamos a quem
Defende o que é do povo

Há quem ache o cordel
Piada de vagabundo
Um mestre como Cantel
Com seu espírito profundo
Defendia a nossa cultura
Que é a maior do mundo

Torcemos que apareça
Um Cantel bem brasileiro
Pra divulgar o cordel
Aqui e no estrangeiro
Mostrando a nossa cultura
E o seu lado verdadeiro

Bendito sejam seus livros
Dentro de nossa cultura
Bem empregadas as medalhas
De honra, glória e bravura
Ganhas merecidamente
Divulgando nossa literatura

Parabéns Raymond Cantel
Orgulho dos folcloristas
Que espalhou o cordel
Divulgando seus artistas
Deixo aqui registrado
A gratidão dos repentistas

No nirvana onde estais
Espero que ainda veja
Os poetas aqui na Terra
Continuando a sua peleja
Misturando rimas ricas
Com um copo de cerveja

Quem já ouviu improvisos
No centro de uma praça
Gosta e pede que a gente
Mais versos faça de graça
Enchendo de alegria
A nossa triste desgraça

Os poetas continuam
Com prazer e alegria
Recitando os seus versos
Mesmo com a praça vazia
Esperando que alguém se lembre
De melhorar o seu dia

Ao terminar o folheto
Feito pra homenagear
Esta figura impoluta
Eu quero aqui deixar
Estes versinhos singelos
Para o Raymond se lembrar

S-alve o grande Cantel
E-ntre todos o primeiro
V-alor que reconhecemos
E-mbora seja estrangeiro
R-evolucionou o cordel
I-mbatível pioneiro
N-o ramo da literatura
O-rgulho dos violeiros.

Volumes já lançados da Biblioteca de cordel

Patativa do Assaré *por* Sylvie Debs
Cuíca de Santo Amaro *por* Mark Curran
Manoel Caboclo *por* Gilmar de Carvalho
Rodolfo Coelho Cavalcante *por* Eno Theodoro Wanke
Zé Vicente *por* Vicente Salles
João Martins de Athayde *por* Mário Souto Maior
Minelvino Francisco Silva *por* Edilene Matos
Expedito Sebastião da Silva *por* Martine Kunz
Severino José *por* Luiz de Assis Monteiro
Zé Saldanha *por* Gutenberg Costa
Oliveira de Panelas *por* Maurice van Woensel

Próximos lançamentos

João José da Silva *por* Roberto Benjamin
Franklin Maxado *por* Antônio Amaury C. de Araújo
Paulo Nunes Batista *por* Maria do Socorro G. Barbosa
Raimundo Santa Helena *por* Braulio Tavares
Leandro Gomes de Barros *por* Joseph Luyten
Téo Azevedo *por* Sebastião Geraldo Breguez

Adverte-se aos curiosos que se imprimiu
esta obra nas oficinas da Gráfica Prol.
Limitada em 15 de junho do ano dois mil e
um, composta em Walbaum de corpo onze ou
doze, em papel off-set noventa gramas, com
tiragem de dois mil exemplares.